PETITE GÉOGRAPHIE

DES

COLONIES

FRANÇAISES

PAR

Alfred NANÇON

MANUFACTURIER

MEMBRE DE LA SOCIÉTÉ DE GÉOGRAPHIE COMMERCIALE DE PARIS

ARRAS

IMPRIMERIE RÉPESSÉ-CRÉPEL et Cie

8 & 10, Rue des Rapporteurs

1891

à la Bibliothèque Nationale,

Hommage de l'auteur,

A. N

PETITE GÉOGRAPHIE

DES

COLONIES

FRANÇAISES

PAR

Alfred NANÇON

MANUFACTURIER

MEMBRE DE LA SOCIÉTÉ DE GÉOGRAPHIE COMMERCIALE DE PARIS

ARRAS

IMPRIMERIE RÉPESSÉ-CRÉPEL et Cie

8 & 10, Rue des Rapporteurs

1891

AVANT-PROPOS

Un des fondateurs de la nationalité française, Richelieu, a posé ce principe dans son *Testament politique* : « Pour être une puissance continentale, il faut que la France soit une puissance maritime, sa frontière de mer étant aussi considérable que sa frontière de terre. »

Du reste, le passé justifiait ce programme de grande et prévoyante politique.

N'étaient-ce pas, en effet, de hardis Normands qui, en 1066, avaient conduit Guillaume le Bâtard de l'embouchure de la Dive à la conquête de l'Angleterre ?

N'étaient-ce pas encore des Français, pour la plupart, ces Croisés, qui, dans un élan magnifique, se répandirent en Palestine, en Tunisie, en Égypte et sur tous les rivages de la Méditerranée ?

En 1365, nous voyons des Dieppois fonder des établissements considérables au Sénégal et dans la Guinée; en 1490, Jean de Béthancourt aborde aux Canaries.

La découverte de l'Amérique ouvrit la voie aux explorateurs : en 1534, sous François Ier, Jacques Cartier s'empare du Canada et en 1604, un Saintongeois, Samuel Champlain, le colonise. Puis, c'est Belain d'Enambue, pauvre cadet de Normandie, qui s'installe dans les Antilles, et deux négociants de Marseille, Thomas Lynch et Carlin Didier qui construisent en 1560, dans la Régence d'Alger, le Bastion du Roi pour protéger nos pêcheurs de corail...

Le XVIIe siècle est l'époque de nos grands succès coloniaux.

Dans un admirable mouvement d'expansion civilisatrice, des expéditions s'arment dans tous les ports de France pour des voyages de découvertes. Des cadets de famille, poussés par l'amour des grandes aventures et le désir de faire fortune, rêvent la conquête de pays vierges et la fondation de vastes empires.

Aussi bien, c'était un peu du génie français qu'ils emportaient dans les plis de leur drapeau ou à l'ombre de leur croix, ces audacieux colons, ces missionnaires héroïques, dont l'histoire ressemble à une légende et qui essaimèrent sur tous les rivages de l'Asie et des deux Amériques, fondant au Canada la Nouvelle-France, à Madagascar la France-Orientale, dans la mer des Indes, l'île de France.

Sous Henri IV et sous Louis XIV, secondés par de grands ministres : Sully, Richelieu et Colbert, la France dispute l'empire du monde à l'Espagne et l'empire de la mer à l'Angleterre.

Elle étendait sa domination sur toute l'Amérique du Nord jusqu'au Mexique, à l'exception de la Virginie et de la Nouvelle-Angleterre; sur les Antilles et Saint-Domingue, la reine des Antilles; dans l'Amérique du Sud, sur la Guyane et les îles Malouines; en Asie, sur les Indes; en Afrique, sur le Sénégal, la côte de Guinée, Bourbon, Maurice et Madagascar...

Mais cette étonnante prospérité fut de courte durée. Le traité d'Utrecht (1713) commença la ruine de notre empire colonial et le honteux traité de Paris (1763) arraché à la faiblesse de Louis XV, la compléta. A l'Espagne nous abandonnions la Louisiane, et l'Angleterre nous prenait le Canada, malgré l'héroïque Montcalm, et les Indes, malgré Dupleix. Après avoir donné à la France un empire de 35 millions de sujets, ce grand français mourait pauvre abandonné de tous, victime de l'ingratitude de ses compatriotes et d'intrigues politiques inavouables, semblables à celles qui, sous Louis-Philippe, faillirent nous faire perdre Madagascar et qui récemment encore compromettaient notre avenir en Indo-Chine.

Si aujourd'hui, le Gouvernement de la République a repris la politique d'expansion coloniale, si grande et si française de Richelieu et de Colbert, ce n'est pas pour satisfaire à de vaines idées de conquête, qui ne sont plus de notre temps, mais bien pour obéir à cette nécessité impérieuse de parer à la crise économique et sociale qui nous menace, en ouvrant des marchés nouveaux à notre commerce et à la surabondance de nos produits industriels.

Sur notre globe bientôt trop étroit et dont l'Angleterre possède la sixième partie, avec un empire colonial de 200 millions de sujets et de deux milliards d'hectares, il est indispensable à la France, si elle veut conserver son rang de puissance commerciale et industrielle, de lutter sans relâche avec le concours de toutes les bonnes volontés, en s'efforçant de développer chez les jeunes générations qui sont la France de demain l'esprit d'entreprise et d'initiative, en réagissant surtout contre cette tendance à l'inertie, qui est peut-être le produit de notre centralisation à outrance, de notre éducation casanière et de notre instruction rétrospective.

L'homme qui s'expatrie, emportant dans son cœur un peu de la Patrie absente, rend autant de services à son pays que le soldat qui se tient prêt pour sa défense, et le *service colonial* doit être assimilé au *service militaire*.

Qu'on ne vienne pas nous répéter cette mensongère allégation " que le Français n'est pas colonisateur " alors que, chaque année, 17,000 Français s'en vont, sur les fallacieuses promesses d'agences d'émigration, chercher dans la République Argentine, le plus souvent, la misère, le désespoir et la mort; alors que sur la population des États-Unis d'Amérique on compte 107,600 Français, à côté, il est vrai de le dire, de 1,966,000 Allemands; alors qu'au Canada, sous la domination anglaise, il y a deux millions de nos compatriotes!

C'est ce courant d'émigration qu'il importe à nous tous, industriels, commerçants, de détourner au profit des colonies françaises en nous associant aux efforts des pouvoirs publics et en éclairant les esprits aventureux qui ne trouvent pas dans la mère-patrie un champ assez vaste et assez productif pour leur activité, leur indépendance et leur bonne volonté.

Aussi, j'ai pensé qu'entre les traités de géographie classique trop succincts et les récits de voyages trop étendus et parfois trop romanesques, il y avait place pour une *Petite Géographie des Colonies Françaises*, conçue dans un esprit pratique et d'après les documents les plus récents.

Écartant les développements historiques ou purement géographiques, je me suis appliqué à réunir, dans un petit volume à la portée de tous, des renseignements variés de nature à faire connaître les ressources, aussi bien que les besoins, de la France coloniale, qui compte aujourd'hui 31,574,000 habitants répandus sur une superficie de 2,923,600 kilomètres carrés.

· Pour ce travail de vulgarisation, j'ai dû consulter les intéressantes notices coloniales publiées par ordre du Sous-Secrétaire d'Etat aux Colonies, sous la direction de M. Louis Henrique, et les nombreuses monographies publiées par M. Ch. Bayle, l'intelligent et dévoué éditeur des travaux sur les colonies.

J'ai dû compulser surtout les *Bulletins de la Société de Géographie commerciale de Paris,* qui renferment de si précieuses indications recueillies avec un soin judicieux dans les correspondances et les communications des explorateurs et des commerçants par notre éminent Secrétaire général, M. Ganthiot.

Je tiens à leur témoigner à tous ma

X

gratitude, et, s'il m'a été donné dans ma modeste sphère de coopérer à cette expansion coloniale, qui est une des formes du relèvement de la France, je tiens à reconnaître la part qu'il leur revient dans cette œuvre utile et patriotique.

Alfred NANÇON.

AFRIQUE

~~~~~~~~~~~~~

Les colonies françaises en Afrique sont :

Algérie.............	477,913 kilom. car.	3,817,306 hab.
Sénégal et dépendances .	358,500	1,850,000
Côte d'Or	24,000	?
Congo et Gabon	670,000	?
Réunion	2,512	163,881
Ste-Marie de Madagascar.	165	7,468
Mayotte	366	10,551
Comores (protectorat)..	1,606	53,000
Nossi-Bé...........	293	8,281
Diégo-Suarez		4,607
Obock	6,000	22,370
Tunisie (protectorat)...	116,000	1,500,000
Madagascar (protectorat)	591,964	3,500,000
Total....	2,249,300 kilom. car.	10,937,000 hab.

(*) *Statistiques coloniales pour l'année 1887.* Paris, 1888. — Nous donnons ici les chiffres officiels qui ne concordent pas toujours avec les chiffres indiqués dans les divers traités de géographie.

ALGÉRIE

Description géographique. — Comme toutes les contrées de l'Afrique septentrionale, l'Algérie présente trois divisions distinctes, étagées sur trois plans : le Tell, les Hauts-Plateaux, le Sahara.

Le Tell comprend toute la côte méditerranéenne sur une longueur de 300 lieues et sur une largeur variant entre 25 à 60 lieues. Il possède les riches plaines de la Mitidja, de Bône, du Chéliff et son climat est des plus favorables à la végétation. Sa superficie est d'environ 14 millions d'hectares.

Les Hauts-Plateaux présentent, à une altitude variant de 500 à 1,200 mètres, d'immenses plaines légèrement ondulées propices à l'élevage et à la culture de la vigne et des arbres fruitiers. Leur superficie est d'environ 11 millions d'hectares, en grande partie couverts d'alfa, de pâturage et de forêts.

(*) Quoique l'Algérie divisée en trois départements français puisse être considérée comme partie intégrante de la France, nous en donnerons cependant une description succincte à cause des avantages qu'elle offre à l'immigrant.

Deux chaînes de montagnes parcourent
l'Algérie parallèlement, depuis la frontière du
Maroc jusqu'au cap El Mekki en Tunisie. Un
grand nombre de cours d'eau l'arrosent. Les
principaux sont le Tafna et le Chéliff, dans la
province d'Oran, le Mazafran et le Sebaou dans
la province d'Alger : la Seybouse, le Rummel et
la Meddjerda dans la province de Constantine.

Productions. — Le climat de l'Algérie est
doux et salubre. La température varie entre 12°
et 30 degrés. Le sol forestier algérien comprend
2,785,186 hectares plantés en bois de construction, de teinture et d'ébénisterie. L'exploitation
du chêne-liège, à lui seul, constitue une exportation de 5,842,402 fr. L'olivier, une des
richesses de l'Algérie, produit de l'huile pour
une somme de 2,670,172 fr. Le palmier-dattier,
l'oranger, le bananier, etc, donnent d'excellents
résultats et le rendement annuel d'un hectare
de terrain planté en orangers n'est pas moindre
de 3000 fr. pour une dépense de 800 fr. La culture de la vigne est très en faveur parmi les
Européens. On comptait, en 1885, 70,885 hectares plantés produisant 967,924 hectolitres de
vin. Le rendement est en moyenne de 50 hectolitres à l'hectare. Malheureusement, la vinification a encore besoin de se perfectionner. Les
légumes représentent une exportation de deux

millions pour les légumes secs et les farineux, de 500,000 fr. pour les légumes verts. Le coton, le lin, le tabac, le chanvre, la ramie, l'alfa, les plantes tinctoriales, oléagineuses, médicinales, etc. donnent de bons produits et sont susceptibles d'un grand développement.

Les richesses minérales encore peu exploitées, à l'exception des salines et des carrières de marbre, sont considérables. Les animaux sauvages, lions, panthères, hyènes, chacals, etc. tendent à disparaître devant la colonisation. En revanche, les animaux domestiques, les chevaux surtout, se multiplient et s'améliorent chaque année.

L'exportation en 1884 a été pour l'espèce bovine de 22,882 têtes représentant 4,584,235 fr. et pour l'espèce ovine de 701,509 moutons d'une valeur de 14,030,180 fr.

Les oiseaux sont nombreux. Un couple d'autruches se vend 900 fr. ou 1000 fr.; la récolte de leurs plumes vaut en moyenne 200 fr. et les œufs (25 œufs en moyenne) valent 14 fr. la paire. Les principaux reptiles sont : le lézard, le scorpion, la vipère. Les poissons d'eau douce sont peu variés; les poissons de mer sont analogues à ceux du littoral méditerranéen. Le corail, qui se pêche entre La Calle et Bône, représente un produit de 538,000 fr.

Population et administration. — La population totale de l'Algérie est de 3,817,465 habitants. Les indigènes se divisent en Kabyles, descendants des Berbères autochtones dont l'assimilation est possible ; les Arabes nomades ; les Arabes citadins ou Maures et les nègres. Les Espagnols, les Maltais ou les Anglo-Maltais, les Mahonnais et les Italiens forment avec les Français la population européenne.

A la tête de l'administration de l'Algérie se trouve un gouvernement général assisté d'un conseil de gouvernement et d'un conseil supérieur.

Chaque département a un conseil général, des conseils municipaux, des députés et des sénateurs soumis à l'élection et, comme administrateurs, un préfet et des sous-préfets.

Les indigènes sont gouvernés par des *cheikh*, commandant plusieurs douars ; des *caïd*, commandant la tribu ; des *agha*, commandant un groupe de tribus ou un cercle. Le *bagh agha* ou agha en chef relève du commandant de la subdivision, et des bureaux militaires surveillent les chefs indigènes.

Ces fonctionnaires sont chargés de la perception des impôts, de rendre la justice, de réunir les contingents indigènes pour les expéditions, etc.

Divisions administratives. — Le départe-ment d'Alger, qui forme cinq arrondissements (Alger, Médéah, Milianah, Orléansville, Tizi-Ouzou) (*) possède une population de 1,358,576 habitants, dont 91,592 Français, et sa superficie est de 17 millions d'hectares. Le département se compose de grandes vallées et de vastes plaines largement arrosées, telles que : la Mitidja (20,000 hectares), la plaine du Chéliff, la plaine des Issers, etc.

Les céréales forment la culture principale de ces plaines, le littoral est plutôt occupé par de vastes jardins potagers et fruitiers. La vigne est cultivée avec succès sur les côteaux du Sahel. Le tabac, les plantes odoriférantes, les oranges se trouvent surtout aux environs de Blidah. L'olivier constitue la richesse de la Kabylie, mais le traitement des olives a besoin d'être perfectionné. L'élevage du bétail, pour lequel les Hauts-Plateaux sont merveilleusement appropriés, est susceptible de prendre encore un plus grand développement.

L'industrie compte quelques établissements importants et prospères. L'exploitation des mines est encore fort négligée.

Les sources minérales et thermales, au

(*) Les dimensions restreintes de cet ouvrage ne nous permettent pas de donner la description des villes algériennes.

nombre de 50, attireront en hiver un grand nombre d'étrangers quand la mode en aura consacré l'usage dans ce pays.

A part les chemins de fer d'Oran à Constantine, de Ménerville à Tizi-Ouzou, on compte dans le département 9,000 kilomètres de routes et chemins.

Les plus grands marchés sont ceux de l'Arba, d'Aumale, de Bouffarik, de Boghari, de Laghouat, etc.

Il faut aussi signaler le magnifique établissement agricole des Trappistes à Staouéli, véritable ferme-modèle.

Le département d'Oran, qui comprend cinq arrondissements (Oran, Mascara, Mostaganem, Sidi-Bel-Abbès et Tlemcen), a une population de 846,504 habitants, dont 64,167 Français, répartis sur 12 millions d'hectares. Il offre les plaines fertiles des Andalouses, de l'Habra, de Mékerra, d'Égrios, du Dhara, très pittoresques.

Les Hauts-Plateaux couverts d'alfa présentent des forêts sur une superficie de 580,000 hectares. On rencontre des céréales dans la plaine, des vignobles sur les côteaux et des textiles.

Le département compte un grand nombre de minoteries importantes à Tlemcen, Mostaganem et Sidi-Bel-Abbès.

Il existe trois sources de pétrole dans le Dahra et un grand nombre de sources minérales et thermales. Le département est traversé par six lignes de chemins de fer et par 10,000 kilomètres de routes et chemins vicinaux.

Le département de Constantine, qui comprend sept arrondissements (Constantine, Batna, Bône, Bougie, Guelma, Philippeville et Sétif), a une population de 1,546,116 habitants, dont 63,319 Français, répartis sur une superficie de 19 millions d'hectares. On y trouve les régions du Tell et des Hauts-Plateaux avec des productions semblables à celles des départements voisins.

Les plaines de Bône, Guelma, Sétif sont favorables aux céréales et à l'élevage. De beaux vignobles couvrent les côteaux de Bône et de Philippeville, et le tabac, les orangers, les poiriers et un grand nombre d'arbres fruitiers sont l'objet de cultures importantes.

Les bœufs de Guelma, de Soukahras et les chevaux du Hodna et de Sétif sont renommés.

L'industrie est représentée par des minoteries, distilleries, salaisons, etc.

Sept lignes de chemins de fer traversent le département et près de 12,000 kilomètres de routes et de chemins facilitent les transactions.

Les principaux marchés du département sont ceux de Souk-Ahras, Batna, Sétif.

Historique. — Depuis la conquête de l'Afrique septentrionale par les Romains jusqu'à l'établissement des Turcs, l'histoire d'Alger se confond avec celle des contrées voisines.

Charles-Quint, Louis XIV essayèrent tour à tour de châtier les pirates insolents qui se croyaient les maîtres de la Méditerranée; mais ce ne fut qu'en 1830 qu'eut lieu la première expédition qui amena petit à petit la conquête de ces vastes et riches contrées.

Cette lente conquête de soixante années a coûté à la France, indépendamment du sang précieux de ses enfants, une somme totale de 4,765,000,000 et pendant ce temps-là les recettes de la colonie se sont élevées à 1,165,000,000. Elle a été une rude école pour notre armée; elle a illustré les noms de Cavaignac, Changarnier, Bugeaud, Lamoricière, Mac-Mahon, Pélissier, sans oublier le sergent Blandan, le héros de Beni-Mered. Mais à présent, c'est au colon, à l'agriculteur et à l'industriel d'achever l'œuvre du soldat en travaillant à l'assimilation de cette riche contrée qui, après avoir été le grenier de Rome, doit être en même temps le grenier et le cellier de la France. Avant peu, l'Algérie se constituera un budget propre pour payer ses dépenses civiles qui s'élèvent à 20 millions, ne laissant à la charge de la métropole que les dépenses militaires.

Renseignements commerciaux. — L'Algérie est un pays essentiellement agricole ; mais il est difficile de fixer des principes absolus de culture pour des régions aussi vastes. Le soleil ne manque pas, la main-d'œuvre indigène est à bon marché, et si l'irrigation est facile, l'exploitation ne peut manquer d'être lucrative.

Le blé et l'orge occupent les plus grands espaces. Le blé tendre, d'importation européenne, réussit sur les côteaux ; le blé dur qui sert à faire *le couscous,* base de la nourriture indigène, préfère les bas-fonds. Le poids moyen de l'hectolitre est de 77 à 80 kilos en blé dur et de 76 à 79 kilos en blé tendre, et le rendement est d'environ 10 à 15 quintaux à l'hectare avec les méthodes européennes. L'orge craint moins la sécheresse que le blé. Son rendement varie de 20 à 30 quintaux à l'hectare et l'hectolitre pèse de 58 à 60 kilos.

L'avoine donne un rendement de 25 à 35 quintaux l'hectare et pèse de 47 à 50 kilos l'hectolitre.

Le seigle et le maïs sont peu répandus, cependant la culture en est facile.

On comptait en 1887, 512,484 hectares mis en culture.

Les frais de culture sont approximativement, par hectare, pour les céréales : labour de printemps, 25 à 30 fr. ; hersage d'automne, 5 à 6 fr. ; labour et hersage de semaille, 25 à 30 fr. ; moisson, 15 à 20 fr. ; transport de la récolte, 8 à 10 fr. ; battage à la machine, 1 à 2 fr. le quintal en sac.

Les ouvriers indigènes se paient à raison de 1 fr. 50 à 2 fr. la journée; les ouvriers européens gagnent de 3 à 4 fr. et les domestiques 30 à 40 fr. par mois, plus la nourriture et le logement.

Les oléagineux, les textiles et la vigne trouvent le second rang dans la culture. Pour planter de la vigne, un défrichement est souvent nécessaire; il coûte de 100 à 400 fr. l'hectare.

Les fumiers ne sont guère utilisés que dans les jardins potagers ou à primeurs; les engrais artificiels sont inconnus, cependant il existe auprès de Souk-Ahras de riches gisements de phosphates.

La culture du tabac est libre en Algérie et très rémunératrice. Le tabac supérieur se vend à la Régie 100 et même 120 fr. les 100 kilos. C'est dans la Mitidja que se récolte le chebli, à raison de 15 quintaux l'hectare, dans les terres bien fumées.

La viticulture est en honneur chez les colons

algériens; le climat et le sol sont, du reste, très favorables à la vigne, et aujourd'hui on compte 119,340 hectares de vignobles.

Le défoncement du sol, à une profondeur de 50 à 60 centimètres, peut coûter jusqu'à 400 fr. l'hectare. La plantation se fait en janvier-février et les simples sarments sont préférés aux plants enracinés. Les cépages employés avec succès sont : l'*Espas* ou *Mourièdre de Provence,* le *Carignan,* le *Morastel,* l'*Aramon,* et, pour les vins blancs : la *Clairette* et l'*Œil-de-chien.* La plantation coûte de 40 à 100 fr. l'hectare et les sarments valent de 10 à 12 fr., de sorte qu'un hectare, qui compte 5 à 6000 pieds, coûte 50 à 60 fr. La taille, qui diffère peu de celle pratiquée en France, revient, par hectare, de 8 à 30 fr. selon l'âge du vignoble.

Le premier labour a lieu en janvier (15 à 20 centimètres); le second en avril, avant la floraison; le troisième en juin-juillet; c'est un simple binage. La vendange se fait en juillet-août.

La vinification est l'opération la plus difficile à cause de la température exigée qui ne doit guère dépasser 20 à 22 degrés. Elle dure de 40 à 60 heures.

Les frais de création d'un vignoble peuvent être évalués à 800 fr. et dès la quatrième année la récolte les couvre et au-delà : aussi, chaque année, compte-t-on des plantations nouvelles.

Nous ne dirons que peu de mots des autres cultures; celle de l'oranger, avons-nous dit, est très rémunératrice (1,500 à 2,000 fr. l'hectare). Le *henné*, fort employé par les industriels lyonnais pour la teinture en noir de la soie et dans la parfumerie indigène, vaut 150 à 200 fr. le quintal. L'hectare peut produire de 2,500 à 3,000 fr. Les plantes odoriférantes, et en particulier le géranium rosat qui convient aux terres sablonneuses, donnent d'excellents résultats. On compte 40,000 pieds à l'hectare et il y a trois récoltes par an. Suivant la saison, il faut de 700 à 1,500 kilos de feuilles pour obtenir un kilo d'extrait d'essence « de rose ». Le géranium peut donner un bénéfice net de 600 fr. à l'hectare et par an.

Le palmier-dattier ne se rencontre que sur les confins du Sahara et ne peut être cultivé par des Européens à cause du climat.

L'exploitation des bois (chênes-liège, eucalyptus) peut être tentée avec succès, mais plutôt par des sociétés que par de simples particuliers.

En résumé, nous croyons sincèrement que nos populations laborieuses du midi et de l'ouest ruinées par le phylloxera, et que les émigrants basques qui chaque année s'en vont, au hasard,

dans la République Argentine, trouveront en
Algérie des ressources considérables et une
carrière illimitée à leur activité. Ils devront surtout se porter dans le Tell où, sur 14 millions
d'hectares, il reste 7 à 8 millions d'hectares
de bonne terre, mais en grande partie incultes,
qui n'attendent que des bras pour produire et
rendre au centuple le grain qu'on y aura semé.

SÉNÉGAL & DÉPENDANCES

Description géographique. — Ces vastes
territoires, qui aujourd'hui devraient plus exac-
tement être désignés sous le nom de Soudan
occidental, sont compris dans les bassins des
fleuves qui prennent leurs sources dans le
massif du Foutah-Djallon, tels que le Sénégal
(1,700 kilomètres), la Falémé, la Gambie, la
Cazamance et le Niger qui sont les grandes voies
de pénétration dans l'Afrique centrale. L'aspect
du pays est très varié : sablonneux et désolé sur

le littoral de l'Atlantique, depuis Arguin jusqu'au cap Vert, il se couvre d'une riche végétation vers la Cazamance, et le sol marécageux se pare de toutes les richesses des régions intertropicales.

L'année se divise en deux saisons : la saison sèche et la saison pluvieuse ou hivernage. Cette dernière saison est malsaine et affaiblissante pour les Européens par sa chaleur lourde et humide et par les miasmes dont elle provoque le dégagement.

Productions. — Sous l'influence de la chaleur et de l'humidité, la vie se manifeste et se renouvelle avec une puissance inouïe dans le règne animal comme dans le règne végétal. Les fauves y sont nombreux; les éléphants ont été refoulés dans le haut pays, mais l'hippopotame, le crocodile et le lamentin se trouvent dans les cours d'eau du Soudan occidental, tandis que les singes, les antilopes, des oiseaux de toutes couleurs peuplent les forêts. Les graines oléagineuses constituent une des principales richesses du Sénégal avec la gomme, le coton et les bois de construction et d'ébénisterie.

Au point de vue minéral, le Sénégal paraît moins bien favorisé; cependant l'or existerait dans les montagnes du Foutah-Djallon, et le fer est exploité dans la haute Falémé.

La population se compose d'Arabes et de Berbers, qui appartiennent à la race blanche; de Peuls et de Toucouleurs, d'un brun jaunâtre, aux traits presque européens, qui ont conquis les nègres et se sont ensuite mélangés avec eux; enfin, de noirs, appartenant aux branches Ouolof, Seres, Mandingue, Malinké et Bambara, ces derniers restés fétichistes et idolâtres.

Historique. — C'est en 1364 que des marins dieppois vinrent pour la première fois trafiquer sur la côte occidentale d'Afrique; mais la fondation de notre premier comptoir à Saint-Louis ne date que de 1626.

Les colons Français eurent à traverser bien des vicissitudes avant de s'implanter sur cette côte peu hospitalière. Ainsi que d'autres colonies françaises, le Sénégal tomba entre les mains des Anglais, puis nous fut rendu en 1815. C'est à partir de 1854 que l'autorité de la France commença à s'asseoir solidement par la suppression des *escales,* foires annuelles où se faisait la traite des gommes sous la surveillance des chefs maures, et la suppression des *coutumes,* impôts arbitraires en argent ou en nature prélevés par les chefs sur les traitants.

Après plusieurs années de luttes, principalement avec le marabout El-Hadji-Omar, les petits états qui se trouvaient aux environs du Sénégal furent annexés à nos possessions et le reste fut placé sous notre protectorat.

A partir de 1868, la tranquillité régna dans la colonie et, en 1878, on reprit le projet d'une voie de communication entre le Sénégal et l'Algérie. Le capitaine Galliéni et le colonel Borgnis-Desbordes s'avancèrent peu à peu jusque dans la vallée du Niger, traitant avec les roitelets du pays et créant des postes qu'ils reliaient à notre station de Médine, limite de la partie navigable du Sénégal. En 1883, un fort était construit à Bamakou, sur le Niger, à 1,600 kilomètres de Saint-Louis, et des travaux entrepris pour l'établissement d'une voie ferrée entre Médine et Bafoulabé, premier tronçon du transsaharien.

Si aujourd'hui la domination française est solidement établie d'Arguin à Sierra-Leone et de Saint-Louis à Bamakou, sur le Niger, nous le devons surtout à la fermeté et à la persévérance du général Faidherbe.

Les dépendances du Sénégal, connues sous le nom de Rivières du Sud et comprenant tout le littoral entre le Rio-Grande (portugais) au nord, et les Scarices (anglaises) au sud, ne diffèrent pas du Sénégal ni comme climat, ni comme productions. Le trafic se fait par le Rio-Pongo et le Rio-Nunez et il est considérable; malheureusement les principaux articles servant aux échanges (tissus, quincaillerie, spiritueux) sont d'origine anglaise ou allemande.

Dans le voisinage de nos postes du Haut-Sénégal, il faut citer le Bambouk, vaste bande de terrain comprenant quatre États régulièrement constitués : le Tambaoura, le Diébédougou, le Konkadougou et le Bambougou. Cette région est riche en caoutchouc, gomme, bœufs, gibier et mines d'or. La Falemé est la voie de pénétration du Bambouk.

L'Adrar est une région rocheuse et isolée du Sahara occidental qui dépend géographiquement du Sénégal. Situé sous un climat brûlant, l'Adrar est une des étapes principales pour les caravanes qui vont de Tombouctou au Maroc, ou de Bakel au Maroc.

Quelques villes importantes sont situées dans des oasis : *Ouadan,* centre religieux d'où part le signal des soulèvements. *Chinguêti,* ville très commerçante sur le chemin de Tichit à la grande Sebka, lac Salé du nord-ouest, mine inépuisable de sel gemme qui a une longueur de 25 kilomètres sur une largeur de 10 kilomètres.

La côte de l'Océan, située au nord du Sénégal et sur laquelle les Espagnols et les Anglais ont quelques factoreries, est habitée par des Arabes pillards et cruels. L'île d'Arguin, qui appartient à la France après avoir été occupée tour à tour par les Anglais, les Hollandais et les Portugais, peut servir d'entrepôt et de tête de ligne aux caravanes du Soudan occidental, car cette île n'est qu'à 280 kilomètres de l'Adrar et à 1,200 kilomètres de Tombouctou.

Villes principales. — *Saint-Louis*, chef-lieu de la colonie, occupe une île sablonneuse du fleuve. Les administrations y sont centralisées et, dans les environs, se trouvent des marchés d'arachides très fréquentés, comme Daghana et Podor. *Bakel*, au confluent du Sénégal et de la Falémé; *Gorée*, sur un rocher, près du Cap-Vert, est le *sanctorium* de la colonie; *Dakar*, ville peuplée dont le port, escale des Messageries maritimes, est très fréquenté. La colonie possède un conseil général et les principales villes un conseil municipal. Elle est représentée au Parlement par un député. La population est évaluée à 1,850,000 habitants répartis sur 358,500 kilomètres.

Renseignements commerciaux. — Le Sénégal est pour nous la porte du Soudan et, par suite, de l'Afrique centrale. Nos établissements sur le Haut-Niger et sur la ligne Médine-Bamakou-Tombouctou feront dévier vers notre colonie les caravanes du Fouta-Djallon et de Tombouctou, en même temps qu'ils entraveront

la traite des nègres. Déjà, des tribus noires
agricoles viennent chercher protection autour
de nos postes et se livrent à la culture ou à
l'élevage. Une ligne télégraphique relie Saint-
Louis à la France et le chemin de fer de Dakar
à Saint-Louis assure l'écoulement des produits
du Cayar et surtout des arachides. Des services
ont été établis sur le Sénégal pour le transport
des voyageurs et des marchandises jusqu'à
Bakel. Les Messageries maritimes, qui partent
de Bordeaux les 5 et 20 de chaque mois pour le
Brésil et la Plata, touchent à Dakar. La traversée s'effectue en dix jours et coûte 700 fr. en
première classe, 500 fr. en deuxième, 250 fr. en
troisième classe. Des navires de Liverpool et de
Hambourg à Saint-Pol de Loanda et des voiliers
de Bordeaux touchent au Sénégal.

Le commerce français qui, en 1869, représentait à peine 20 millions de mouvement d'affaires
est monté à 47 millions en 1883. Les cultures
existantes susceptibles d'être développées sont :
le mil, base de la nourriture indigène ; le riz ; le
karité qui fournit du beurre végétal ; le coton ;
l'arachide dont la traite s'élève environ à dix
millions dans le Cayor ; le tabac ; les cultures
vivrières ; mais, ces produits ne sauraient ré-
munérer le travail de l'Européen qui, du reste,
s'acclimate difficilement sous ce climat brûlant.

Les cultures du Brésil, telles que : la canne à sucre, le café, la vanille, le cacao, les plantes à épices, pourraient être implantées avec succès au Soudan, où la main-d'œuvre est à vil prix, et leur introduction assurerait une prospérité inouïe à notre plus vieille colonie, le Sénégal.

ÉTABLISSEMENTS DU GOLFE DE GUINÉE

GRAND-BASSAM & ASSINIE

Les établissements français du golfe de Guinée constituent deux groupes distincts qui sont : à l'est, sur la côte des Esclaves, les territoires de *Grand-Popo* et de *Porto-Novo* ; à l'ouest, sur la Côte-d'Or et sur la Côte-d'Ivoire, les vastes régions qui dépendent de *Grand-Bassam* et d'*Assinie*.

Notre influence peut être considérée comme solidement établie : à l'est, jusqu'au fleuve

Tanoé, limite des colonies anglaises de la Côte-d'Or; à l'ouest, jusque vers le cap des Palmes, ou jusqu'à la République de Libéria, c'est-à-dire du Tanoé au fleuve San-Pedro, sur un front maritime de 450 kilomètres. La côte est basse, marécageuse, coupée de marigots fangeux et de lagunes, surtout au voisinage des rivières et, en arrière, la forêt commence, dressant sa muraille impénétrable à quelques mètres de l'Océan.

L'établissement d'*Assinie* situé près de la rivière de ce nom, se compose de quelques factoreries dont une à la maison Verdier, de la Rochelle, et d'un village indigène assez peuplé. Plus loin, à *Élima*, auprès du lac Aby, il y a une plantation de café d'un bon rapport. Dans les environs se trouvent les États du roi de Krindjabo.

Le Tanoé, fleuve au cours tortueux et obstrué par des roches, prend sa source dans le pays des Achantis.

La station du Grand-Bassam se compose d'une factorerie entourée de cases, construite sur les bords de la lagune Ébrié. Sur la rive opposée se trouve le riche village de Mouassô, au point de jonction de la lagune et du fleuve l'Akba.

La rive nord du marigot est très peuplée et très boisée. Les Ébriés, les Jacks-Jacks habitent cette région, où l'on remarque l'ancien fort de Dabou, construit dans les premiers temps de l'occupation, c'est-à-dire vers 1843. Le fleuve Akba qui se déverse dans la lagune, en face de Mouassô, est marécageux vers son embouchure, mais il traverse de nombreux villages et, d'après le capitaine Binger, il serait encore un cours d'eau important au voisinage de la ville de Kong, à 450 mètres au nord de Grand-Bassam.

A 200 kilomètres à l'ouest de l'Akba se jette dans l'Atlantique un autre fleuve, le Lahou, qui traverse les villages du Bouré, pays riche en coton, en ivoire et en poudre d'or.

Les indigènes de cette région sont fort indolents et leur industrie est presque nulle; les Jacks-Jacks se font remarquer par leurs qualités commerciales; ils font des échanges avec les navires anglais sur la côte. Le climat est loin d'être salubre; cependant, sur les hauteurs de Dabou ou d'Elima, les Européens peuvent résister deux ou trois ans à l'influence débilitante de la chaleur humide du climat de la Guinée. La température varie entre 28 et 33 degrés. Dans ce pays, la végétation est prodigieuse : bombax ou fromager, palmier à huile, cocotier, rônier, santal rouge, cotonnier, ananas, bananier, papayer, etc., s'y rencontrent avec le caféier récemment introduit et qui donne déjà de bons résultats.

Beaucoup d'oiseaux au plumage étincelant, des singes, des civettes, des crocodiles, de nombreux serpents et des insectes représentent la faune de ces côtes.

L'extraction de l'or occupe un grand nombre de Jacks-Jacks qui lavent les sables des rivières et les argiles d'alluvion; mais la production est faible (500,000 fr. par an environ).

La monnaie du pays consiste en tiges de métal, appelées *manilles* et valant 4 fr. 50 le paquet de vingt. Nos tissus légers de couleurs criardes trouvent un facile écoulement dans cette région, avec des rhums à très bas prix et des fusils à silex. En retour, l'huile de palme est la principale production de Grand-Bassam (5 millions de francs); de plus le pays est susceptible de fournir l'arachide, le riz, la canne à sucre, le café, les bois précieux.

Mais nos stations de la Guinée sont surtout importantes comme voies de pénétration dans le Soudan, car les marchés de Bamakou, Mousardou, Kong peuvent être atteints, grâce à l'Akba, sans avoir à craindre les populations fanatisées que nos commerçants rencontrent en passant par le Sénégal et le Niger. Les paquebots anglais de Liverpool touchent deux fois par mois à Grand-Bassam, mais une ligne française est projetée.

LE DAHOMEY

Sur la Côte des Esclaves qui doit son nom à l'ignoble trafic qu'y firent longtemps les négriers portugais, la France possède *Grand-Popo, Kotonou* et *Porto-Novo.*

Le royaume de Porto-Novo s'est placé sous notre protectorat en 1864 et à cette époque son territoire formait sur la Côte des Esclaves un carré de 40 à 45 kilomètres de côté, limité à l'est par le royaume de Dahomey et à l'ouest par les établissements anglais. Au sud, il bordait la mer, au nord, il était limité par de petits états indépendants, sans cesse en guerre avec le Dahomey. Porto-Novo, situé sur des lagunes, est une ville de 20,000 habitants qui a pour port Kotonou. On y compte cinq grandes factoreries françaises.

2

Wydah, à peu de distance de Grand-Popo, est une ville importante qui ne compte pas moins de 25,000 habitants et qui jadis était le centre du commerce des esclaves. Pour assurer la sécurité de nos comptoirs de la côte, il est absolument nécessaire que la France ait une garnison à Wydah.

Malgré l'insalubrité de la côte et l'absence de ports, ces stations sont précieuses comme voies de pénétration dans le riche royaume de Dahomey que convoitent l'Angleterre et l'Allemagne.

Notre récente expédition ne nous a donné que des résultats précaires, mais elle a attiré l'attention sur ce vaste territoire, fertile en arachides et en graines oléagineuses, gouverné par un despote sanguinaire et fourbe, Béhansin.

Sa capitale, Abomey, est à plusieurs journées de marche dans l'intérieur et son armée est relativement bien disciplinée.

Avant peu, une nouvelle expédition sera nécessaire et la France s'installera fortement sur cette côte où notre commerce trouvera plus tard de larges débouchés.

LE GABON & LE CONGO

C'est en 1838 que notre drapeau fut planté à l'embouchure du Gabon, fréquenté jusqu'alors par des négriers et, en 1843, Libreville fut fondée.

En 1862, la France acquit le cap Lòpez qui nous ouvrait le cours de l'Ogôoué, et dès lors, notre frontière maritime fut comprise entre le cap Saint-Jean au nord, et le cap Sainte-Catherine au sud. Les explorations de MM. de Compiègne, Marche et de Brazza ont fixé la topographie de cette vaste région comprise entre l'Ogôoué et le Congo.

En 1880, M. de Brazza fondait, à 875 kilomètres de Libreville, la station de Nghmi ou Franceville et plus tard la station de Brazzaville, sur la rive droite du Congo, à cette limite des cataractes appelée Stanley-Pool. Enfin, en 1884, il fondait sur le Haut-Alima, une nouvelle station reliée à Franceville par une route de 120 kilomètres.

La chaleur humide et les miasmes des marécages rendent ce pays dangereux pour les Européens non acclimatés, mais nos créoles des colonies pourraient s'y installer.

Les indigènes appartiennent à diverses races: Onpongués, Boulous, Bakalés, Pahouins.

C'est le 3 octobre 1888, après un traité passé avec Makoko, roi des Batékés, que M. de Brazza planta le drapeau français à O-Kila qui, depuis, s'appelle Brazzaville. Après trente mois d'efforts, mais sans avoir recours à la force des armes, notre suprématie était établie sur la rive droite du Congo.

L'embouchure du Congo, qui appartient à plusieurs nations, est située dans un pays bas, marécageux et couvert de palétuviers; mais, lorsqu'on pénètre dans la vallée du fleuve, on est frappé de sa largeur et du débit de ses eaux. La zone maritime ne s'étend guère à plus de 150 kilomètres de la côte. Là, commencent des massifs montagneux au milieu desquels est la ville de M'boma. La vallée du fleuve, d'abord de 23 kilomètres, s'est réduite au quart de sa largeur. Dans cette région, vrai nid de pirates, Stanley fonda Vivi, berceau de l'État indépendant du Congo. La végétation y est exubérante et les populations abruties par l'alcool. Plus loin, les plateaux dont l'altitude varie entre 500 et 800 mètres et où le climat est presque aussi sain que celui de l'Europe. Mais, avant d'y arriver, que de régions dangereuses à traverser !

Notre empire du Congo a une superficie de 670,000 kilomètres carrés. Il est limité, à l'ouest, par la côte occidentale, entre la rivière Campo et le Chiloango; au sud, par le Chiloango et Manianga; à l'est, par le Congo, de Manianga à la limite du bassin de la Licona ou Oubangi.

Le pays est riche en bois précieux; il contient de l'ivoire, du caoutchouc et il est susceptible, après déboisement, de produire du café, de la canne à sucre, du cacao, etc. Mais, le prix élevé des transports a été jusqu'ici une entrave au commerce qui est entre les mains de quelques maisons étrangères et d'une maison française.

Ces maisons ont des vapeurs pour desservir leurs factoreries; de plus, deux lignes de paquebots anglais qui ont pour tête de ligne Boumy, à l'embouchure du Niger, poussent une fois par mois jusqu'au Gabon et y apportent des marchandises françaises.

Un grand nombre de bateaux à voiles transportent les marchandises à raison de 18 à 20 fr. la tonne et prennent comme fret de retour de l'huile de palme, des bois de teinture et d'ébène. Le personnel européen s'élève à 550 hommes. Ce n'est pas encore le moment de favoriser l'immigration européenne au Congo.

LA RÉUNION

Description géographique. — A 140 lieues à l'est des côtes de Madagascar et sur la route des Indes suivie par les navigateurs avant le percement de l'isthme de Suez, la Réunion, Bourbon ou Bonaparte, fut longtemps considérée, à cause de la beauté et de la salubrité de son climat, la richesse de son sol et le pittoresque de ses sites, comme la perle de l'Océan Indien.

Avec un développement de côtes de 207 kilomètres, cette île a une superficie est de 2,512 kilomètres carrés dont 60,000 hectares cultivés. On y compte 163,881 habitants dont 120,532 Français; le reste se compose de Malgaches, Chinois, Cafres et Hindous.

Deux massifs montagneux d'origine volcanique constituent sa charpente; l'un oriental, centre de l'activité volcanique, est formé du volcan et du Morne de Langevin; l'autre occidental, plus étendu et plus élevé avec le piton des neiges (3,069 mètres), le Gros-Morne, le Grand-Bénard, forme les cirques de Salazie au nord; le cirque de Cilaos au sud et au nord-est les ravins qui constituent la haute vallée de la rivière des Galets. Les deux massifs sont reliés par un plateau élevé, la plaine des Cafres. Autrefois entièrement couverte de forêts, l'île a été en grande partie déboisée. Les cours d'eau y sont très nombreux et torrentueux à la saison des pluies. Ils entraînent des quantités considérables de terre végétale; d'autre part, les sables et les galets du littoral rejetés sur le rivage forment des digues qui s'opposent à l'écoulement des eaux. De là, des étangs que l'on trouve sur plusieurs plages. Des barrages et des canaux ont été construits pour régulariser le cours des rivières; les plus importants de ces travaux ont été exécutés dans la commune de Saint-Paul, sur l'initiative du regretté sénateur Milhet-Fontarabie.

L'île possède des sources ferrugineuses froides peu exploitées et des sources sulfureuses, au nord-ouest de l'île, à Mafatte, dans un site des plus pittoresques. Ces eaux se rapprochent des eaux sulfureuses iodiques de Saint-Sauveur et d'Amélie-les-Bains dans les Pyrénées.

Productions. — La flore de la Réunion est celle des pays tropicaux; dans les parties hautes on peut cultiver les plantes et les fruits de la zone tempérée.

Les principales cultures de l'île sont celles du café, de la canne à sucre, de la vanille, du cacao, du tabac, des épices et des plantes à essences. L'extension de la culture de la canne à sucre a contribué à réduire celle du café qui, du reste, est attaqué par un parasite introduit dans l'île avec les plants africains de Libéria.

La canne à sucre, introduite par Pierre Parah vers 1711, resta longtemps une plante d'ornement. En 1827, sa culture était assez importante pour que l'île exportât 6,600,000 kilos de sucre. De 1855 à 1862, la culture sucrière atteint son apogée; on comptait 60 millions de kilos exportés en 1860. A partir de cette époque, une baisse considérable se produisit, provoquée par des cyclones, la concurrence de la betterave et les ravages d'un parasite, le boraire.

La culture de la vanille, très négligée autrefois, tend à augmenter. Les épices, muscadiers, girofliers, qui avaient cédé la place à la canne à sucre, pourraient être cultivés avec succès, de même que le cacao, le tabac. Quelques plantations de thé tentées dernièrement ont donné de bons résultats. A côté de ces grandes cultures, l'île produit l'arrow-root, le manioc, des fruits excellents, de nombreuses plantes utilisables en thérapeutique qui pourraient être l'objet d'exportations.

Comme animaux indigènes, la Réunion ne possède guère que quelques *cabris* réfugiés sur les hauteurs, des tortues de terre, quelques serpents et de nombreux parasites.

Villes, Gouvernement, Routes. — La Réunion comprend seize communes presque toutes situées le long de la côte. *Saint-Denis*, chef-lieu de la colonie, compte 30,000 habitants.

Cette ville, percée de rues régulières, possède les principaux édifices de la colonie, mais sa situation au vent de l'île l'expose aux ravages des cyclones. Elle est le siège d'un évêque.

Saint-Paul, première capitale de l'île, est une cité agréable qui compte environ 25,000 habitants.

Saint-Pierre, troisième ville de la Réunion, bâtie en amphithéâtre, est renommée pour son climat plus frais et son port terminé en 1881 après plus de trente ans de travaux.

Citons *Salazie*, au milieu des montagnes et recherchée pour ses eaux bicarbonatées et la beauté de ses sites.

A côté de Saint-Paul se trouve la pointe des Galets où l'on a créé le principal port de l'île, à l'abri des vents du sud-est, et qui a coûté 57 millions. Il est rattaché au chemin de fer à voie étroite qui dessert quinze localités de

Saint-Benoît à Saint-Pierre par Saint-Denis, sur un parcours de 126 kilomètres.

La Réunion est administrée par un Gouverneur, au-dessous duquel sont le Directeur de l'Intérieur et le Procureur général, assisté d'un conseil privé. Depuis 1870, les habitants élisent des conseillers généraux, des conseillers municipaux, un sénateur et deux députés; l'île se trouve donc à peu près assimilée à un département français.

Ce n'est que depuis 1825 que la Réunion fut pourvue de routes qui ont coûté environ 40 millions. Une route nationale de 232 kilomètres dessert le littoral et neuf autres routes larges de 4 à 10 mètres, complètent les 514 kilomètres de routes dont l'entretien coûte 67,000 fr. par an à la colonie.

Historique. — La Réunion est une de nos plus anciennes colonies. Sa prise de possession par le capitaine Salomon Gaubert date de 1638 et ses premiers colons furent douze compagnons de Pronis, déportés dans cette île en 1642 pour s'être révoltés contre ce premier gouverneur des établissements français de Madagascar. Il en vint d'autres en 1664 après la ruine de Fort-Dauphin. De là sans doute est née cette idée enracinée dans l'esprit des créoles de la Réu-

nion que Madagascar est une dépendance de
leur île.

C'est Étienne de Flacourt qui lui donna son
nom de Bourbon, car jusqu'alors elle s'était
appelée Mascareigne, du nom du portugais
Pedro Mascarenhas qui la reconnut en 1545.

Sous l'Empire elle fut baptisée île Bonaparte.
Les Anglais s'en emparèrent en 1810, en même
temps que de l'île de France; elle nous fut res-
tituée en 1815, mais les Anglais gardèrent l'île-
sœur qui depuis lors porte le nom d'île Maurice.
L'île de la Réunion a donné naissance aux
poètes Antoine Bertin (1752), Parny (1753) et
Leconte de Lisle, successeur de Victor Hugo
à l'Académie.

Renseignements commerciaux. — La Réunion est un peu déchue de son ancienne prospérité. Le sol s'est appauvri et les grandes
cultures de canne à sucre, de café et de coton
sont loin de donner les mêmes résultats qu'autrefois. La vanille, dont la culture demande peu
de soins, a donné, en 1886, un rendement de
205,000 kilos. Le quinquina et le thé, plantés
au-dessus de 500 mètres d'altitude, sont susceptibles de prendre de l'extension, comme la culture du cacao qui n'est pas assez développée. La
fabrication d'essences de parfumerie pourrait

être tentée avec succès. L'industrie est insigni-
fiante, et, malgré les ressources de l'île, les
habitants préfèrent s'approvisionner en France
de quincaillerie, tissus et autres objets manufacturés; du reste, les salaires sont peu rémunérateurs.

Le commerce général de la Réunion a été
évalué, en 1886, à 41,442,407 fr. et les marchandises françaises figurent dans le chiffre des
importations pour 11,472,895 fr.

Depuis l'abolition de l'esclavage, la Réunion
a eu recours à l'immigration africaine, indienne
et chinoise pour se procurer des travailleurs et
remplacer les 5,629 individus émancipés en
1849. On comptait, en 1887, 25,801 immigrants
indous et 15,480 immigrants africains, qui
coûtent environ 2 fr. 50 par jour, en tenant
compte des divers frais qu'ils occasionnent.
Beaucoup de ces immigrants arrivent à trafi-
-quer et à monopoliser le commerce aux dépens
des véritables créoles.

La Réunion coûte à la métropole environ
2,615,902 fr. par an, sans compter les dépenses
du service de la marine. Les recettes s'élèvent
à 3,748,434 fr. L'amortissement des dettes et
les allocations pour l'instruction publique
grèvent considérablement les budgets commu-
naux qui, pour recettes, ne peuvent compter

que l octroi de mer et le tiers du droit sur les spiritueux.   •

La température moyenne est de 25° à Saint-Denis, mais elle peut atteindre 34° 30 au mois de février.

L'île a beaucoup à souffrir des ouragans et, depuis vingt ans, elle a beaucoup perdu de son renom de salubrité. On y observe des fièvres paludéennes, des maladies du système lymphatique et l'hématurie.

Avant 1789, les monnaies étrangères circulaient à un cours officiellement fixé. Depuis lors on ne sert plus que des bons de caisse en coupures de 0 fr. 50, 1, 2, 3, 50 et 100 fr. et des monnaies en bronze.

La colonie possède deux établissements de crédit fondés avec les ressources mêmes du pays : la Banque de la Réunion, au capital de 4 millions, et le Crédit agricole et commercial, au capital de 3 millions, qui s'est adjoint une caisse de prévoyance, sorte de caisse d'épargne.

La moyenne du taux de l'intérêt est de 7 °/₀ au civil et de 11 à 12 °/₀ au commercial.

Les Messageries maritimes partant de Marseille le 1ᵉʳ et le 12 desservent la Réunion; le premier service en 21 jours, avec correspondance à Mahé (Seychelles), le second en 30 jours. Le prix du passage est de 1,500 fr. en 1ʳᵉ classe,

950 fr. en 2e classe, de 475 en 3e classe. Il n'y a pas encore de communications télégraphiques entre la Réunion et l'Europe par Zanzibar. La taxe des lettres est de 0 fr. 25 pour les pays composant l'Union postale.

SAINTE-MARIE DE MADAGASCAR

Description géographique. — Située au nord-est de Madagascar, dont elle est séparée par un canal de 7 à 30 kilomètres de largeur, Sainte-Marie de Madagascar ou « Nossi-Boraha » est une longue île de 59 kilomètres de longueur dont la superficie n'est que de 165 kilomètres. Constituée par une série de collines, dont les points culminants ont a peine 60 mètres d'altitude et qui donnent naissance à de nombreux ruisseaux, elle possède peu de terre cultivable, un cinquième environ de sa superficie, mais en revanche cette partie est très fertile. Le girofle donne d'excellents résultats et sa culture pourrait atteindre 300,000 kilos sans l'indolence de la population indigène apparte- nant aux tribus betsimisarakes, qui est évaluée à 7,000 habitants environ.

L'île ne produit pas assez de riz pour sa con- sommation, ses bœufs lui viennent de Mada- gascar. En revanche, le Ravenala ou arbre du voyageur y abonde. Le café, le cacao pourraient y être cultivés avec profit.

Le commerce est peu important et entre les mains de négociants de la Réunion. La colonie, dont les recettes s'élèvent à 90,000 fr., a besoin d'une subvention de 35,000 fr. de la métropole. Relevant du gouvernement de Diego-Suarez, Sainte-Marie est régie par un administrateur qui habite l'îlot Madame et par douze chefs de village, sous ses ordres.

Ambodifototra, en face de l'îlot Madame, est une petite ville de 1,200 habitants dont les mai- sons en bois s'élèvent en amphithéâtre. On remarque au milieu des manguiers, des coco- tiers et d'autres arbres fruitiers, l'église catho- lique, une école de filles tenues par les sœurs de Cluny, la caserne des troupes et au-dessous un vieux fortin.

Historique. — Pronis prit possession de Sainte-Marie en 1643 et un ancien caporal français, Labigorne, qui avait épousé Béti, la

fille du roi de Foulepointe, obtint en 1750 la
cession solennelle de l'île à la France. Après
avoir suivi en 1811 la fortune de l'ile de France,
Sainte-Marie nous fut rendue en 1815. Louis-
Philippe eut un instant l'idée de l'abandonner
pour complaire à l'Angleterre. Cependant l'île
nous resta. Son importance stratégique est
bien diminuée depuis l'occupation de Diego-
Suarez. Son climat, semblable à celui de la côte
orientale de Madagascar, lui a fait délivrer un
brevet d'insalubrité peut-être exagéré. Sainte-
Marie est desservie mensuellement par les Messageries maritimes.

MAYOTTE & LES COMORES

Située dans le canal de Mozambique, entre la
côte orientale d'Afrique et la côte ouest de Madagascar, Mayotte est une île d'origine volcanique d'une superficie de 34,000 hectares. Elle
fait partie de l'archipel des Comores, mais elle

a été cédée à la France en toute propriété par le sultan Andriansouli en 1845.

Le climat était réputé insalubre sans doute à cause des défrichements qui furent opérés à l'origine de la colonisation ; cependant la température moyenne est de 25° et Mayotte est préservée des ouragans qui ravagent la Réunion. Le siège du gouvernement est à Dzaoudzi, village malgache de 400 habitants, sur une presqu'île dépendant de l'île de Pamanzi. Le centre commercial de l'île est à M'sapéré, grand village arabe où le commerce consistant en riz, bœufs, rhum et sucre, est entre les mains des Arabes et des Parsis. On estime à 15,700 tonnes les marchandises transportées à Mayotte par des navires français, ce qui donne environ 785,000 fr. de bénéfices annuels. On compte dans l'île douze usines à vapeur produisant environ 4 millions de kilos de sucre. La vanille donne de bons résultats. La population noire composée de Malgaches, Comoriens, Arabes est évaluée à 10,000 individus ; la population blanche ne dépasse pas 200 âmes. Les travailleurs nègres reçoivent un salaire moyen de 15 fr. par mois environ. Les paquebots des Messageries maritimes touchent à Mayotte les 3 et 30 de chaque mois. Cette île est destinée à prendre de l'importance par suite de l'installation des Européens sur la côte orientale de l'Afrique, mais bien que la condition des immigrants y soit très bonne, elle ne peut offrir aux Européens que des ressources assez limitées.

*
* *

Composé de quatre îles et de quelques îlôts, l'archipel des Comores, dont la superficie est de 2,067 kilomètres carrés, a une grande importance stratégique à l'entrée du canal de Mozambique, comme sentinelle avancée de Madagascar.

Les Comores, connues par les Arabes depuis une haute antiquité, constituent un groupe à part n'appartenant à Madagascar, ni dans sa flore, ni dans sa faune.

De formation volcanique, ces îles possèdent d'anciens cratères atteignant 1,576 mètres et un volcan encore en activité, le Djoungou-dja-Dsaha ou « marmite de feu » qui se dresse à 2,650 mètres d'altitude sur la Grande-Comore.

Le sol des Comores, composé de cendres et de scories volcaniques, est d'une extrême fertilité et possède des forêts magnifiques et des riches pâturages. Un Français, M. Humblot, aux efforts duquel nous devons en partie l'établissement du protectorat français sur ces îles (1886) a constaté la parfaite salubrité du pays et les ressources que pourrait offrir à l'immigration cette terre encore vierge. Lui-même y a créé le commerce des orchidées qui donne aujourd'hui d'excellents résultats.

Anjouan, le plus fertile des Comores, d'une superficie de 378 kilomètres carrés, a une population de 12,000 habitants.

La culture de la canne à sucre y réussit parfaitement. Sa capitale, Mosamoudou ou Anjouan, est une petite cité arabe en ruines, résidence d'un sultan.

Mohéli, la plus petite des Comores, possède une population de 6,000 habitants pour une superficie de 231 kilomètres carrés. Le café, la girofle et la vanille y sont très prospères. Sa capitale, Fomboni, entourée de murailles, est mieux entretenue que les autres villes de l'archipel. C'est dans cette île que mourut notre compatriote Lambert, l'ami de Radama. Il y avait créé une usine à sucre qui tomba aux mains d'un Anglais.

Enfin, la *Grande-Comore*, capitale Moroni, est la plus riche et la plus populeuse des îles de l'archipel. Sa superficie est de 1,102 kilomètres carrés, et sa population de 20,000 habitants; mais elle manque de ports et ses cultures sont peu importantes.

Placées sous le protectorat de la France en

1886, malgré les intrigues anglaises, les îles Comores, peuplées d'Africains, de Maures et de Malgaches, au type superbe, sont susceptibles, grâce à leur situation géographique, à leur fertilité et à l'excellence de leur climat, de prendre un grand développement agricole.

NOSSI-BÉ

A l'entrée de la baie de Passandava, sur la côte ouest de Madagascar, est située l'île de Nossi-Bé « île grande » d'une superficie de 293 kilomètres carrés, entourée d'un chapelet d'îles et d'îlots.

Trois groupes de montagnes forment l'ossature de cette île d'origine volcanique et donnent naissance à un grand nombre de cours d'eau dont le principal est Djabal dont l'embouchure est marécageuse. La plupart des rivières forment des marais dangereux par leurs émanations.

Nossi-Bé, française depuis 1841, par suite de convention passée entre la reine Sakalave Tsimeco et le capitaine d'infanterie de marine Passot, rendit de grands services à notre petit corps expéditionnaire pendant la dernière guerre avec les Hovas. De plus, les Sakalaves, commandés par le roi de Nossi-Mitsio, ont contribué à la prise de Vohémar (1884).

Hellville, chef-lieu de la colonie, rattachée au point de vue administratif au gouvernement de Diégo-Suarez, est une jolie petite ville malgache, cachée dans la verdure et comptant 1,100 habitants. Son port, protégé par une jetée, desservi par un petit Decauville, possède une cale de radoub, des hangars pour la houille, deux phares.

Audouane, Douani, Ambanourou, gros village très commerçant et quelques autres petits centres se partagent la population mi-malgache (Sakalaves), mi-africaine, évaluée à 9,500 individus.

Le sol de Nossi-Bé, d'une grande fertilité, produit du riz, du café, des cannes à sucre, de la vanille ; malheureusement, l'insuffisance des travailleurs agricoles enraye l'exploitation du sol. Ainsi, sur 8,000 hectares de terres concédées, c'est à peine si le dixième en est cultivé. La production annuelle de 1,500 à 1,800 tonnes pourrait être aisément doublée.

Le mouvement commercial de l'île est estimé 8,000,000 de francs environ.

Les ouvriers européens sont très rares et cependant capables de faire deux ou trois fois la besogne d'un Makoua, nom générique sous lequel on désigne les Comoriens, les Anjouannais et les nègres d'Afrique, ils seraient très appréciés ; la réputation d'insalubrité de Nossi-Bé, un peu exagérée, empêche sans doute l'immigration ; et cependant, par sa situation, cette île pourrait devenir l'entrepôt de Madagascar pour les produits manufacturés français, et en retour centraliser le commerce des bœufs, des riz et des tissus de la Grande-Terre. La vie est beaucoup moins chère à Nossi-Bé qu'à la Réunion et le commerce de détail y trouve beaucoup de petits profits. Nossi-Bé est desservie par les Messageries maritimes le 4 et le 29 de chaque mois et en communication fréquente avec les Comores, Mozambique, Zanzibar et Madagascar, par des boutres arabes ou indiens.

DIEGO-SUAREZ

La magnifique baie de Diego-Suarez, que le capitaine Anglais Owen appelait, en 1826, la citadelle de l'Océan-Indien, est formée d'une série de golfes, et le port proprement dit, où flotte le drapeau français, n'est qu'un point dans l'ensemble de la baie qui possède une surface de 30,000 hectares.

Ses contours forment cinq grandes rades : celle de Tonnerre, celle des Cailloux-Blancs, celle de l'île du Sépulcre, enfin la baie des Français et le port de la Nièvre, subdivisées à leur tour en havres, criques, etc. L'entrée de la baie est un goulot de 3 kilomètres de longueur environ sur 2 de largeur, resserré entre les promontoires de la côte au sud et au nord. De plus, presque au milieu du chenal, se trouve un îlot basaltique, *Nossi-Volane* ou l'île de la Lune.

C'est une presqu'île, limitée par la baie de l'île du Sépulcre et le cul-de-sac Gallois que le Gouvernement français a établi les bâtiments administratifs, l'hôpital, les baraquements nécessaires aux troupes et aux disciplinaires. La résidence du gouverneur est en face, à Antsirane, reliée à Mahatsinso par un Decauville de 12 kilomètres.

Découverte par le portugais Diego-Suarez, la baie a été relevée hydrographiquement par l'état-major de la corvette *la Nièvre*, en 1863.

Elle fut occupée en 1885 par nos troupes qui détruisirent les fortifications hovas de Madgindgarive, et fut concédée à la France par le traité de paix du 17 décembre 1885. C'est à proprement parler le seul point de l'île qui appartienne à la France en toute propriété.

Quelques fortifications a l'îlot de la Lune et des batteries à Nossi-Langour suffiraient à faire de Diego-Suarez un port maritime de premier ordre et très facile à défendre.

Au point de vue administratif, cet établissement est réuni avec Nossi-Bé et Sainte-Marie sous l'autorité du même gouverneur. L'effectif des troupes s'élève à 1,200 hommes et la population est évaluée à 3,390 habitants Français, Mauriciens, Comoriens on Antankares.

Pendant l'année 1887, le commerce général s'est élevé à 738,949 fr. dont 675,840 fr. pour les importations consistant en fers, tissus, mercerie, riz et surtout vins et spiritueux. Les exportations consistent en caoutchouc, écaille et peaux. Le mouvement de la navigation pour 1887 a été de 75,638 tonneaux.

Comme toutes les contrées intertropicales, Diego-Suarez a les deux saisons, sèche et pluvieuse. Nos soldats y souffrent de la fièvre; aussi un sanatorium a-t-il été installé à 1,136 mètres au-dessus du niveau de la mer.

Admirable position stratégique, Diego-Suarez, loin des pays de production, offre peu de ressources aux colons. Il est desservi les 5 et 28 de chaque mois par les paquebots des Messageries maritimes.

Les prix de passage de Marseille à Diego-Suarez, nourriture comprise, sont : 1re classe, 1,375 fr.; 2e classe, 875 fr.; 3e classe, 440 fr. et le fret est de 60 fr. par 1,000 kilos.

OBOCK & TADJOURA

Description géographique. — En face d'Aden, sentinelle anglaise placée à la sortie de la mer Rouge, la France a acquis en 1855, sur la plage africaine d'Obock, porte des riches vallées de l'Éthiopie méridionale, un territoire d'environ 6,000 kilomètres carrés.

Borné au nord par le cap Doumeirah, qui marque la limite avec les possessions italiennes de Raheïta, au sud par le cap Bir, à l'est par la mer et à l'ouest par une chaîne de montagnes qui ferme l'horizon, du cap Doumeirah au golfe de Tadjoura, le territoire d'Obock est constitué par une bande de falaises rougeâtres, de rochers calcinés et de sables arides, large d'environ 60 kilomètres. Des torrents encaissés, généralement à sec, coupent les plateaux mamelonnés qui forment le sol des montagnes jusqu'à la mer.

La température très chaude se tient entre 25 et 45 degrés; on a observé jusqu'à 54 degrés en juin 1882. Cependant le climat est relativement sain et sa sécheresse est tempérée par des vents périodiques et réguliers.

Le golfe de Tadjoura, qui pénètre à 90 kilomètres dans les terres, se compose de deux bassins communiquant entre eux par un chenal.

Productions. — Obock a une flore et une faune sahariennes. On y trouve des mimosas, des palmiers, des graminées sauvages; le cocotier et le filao, originaires de Madagascar, sont susceptibles de s'y acclimater. Comme animaux, on y rencontre des gazelles, des autruches, des moutons, quelques bœufs, des vipères et des scorpions. La pêche des requins, des tortues, de la nacre et des poissons qu'on importe salés à la Réunion sous le nom de snook ou tasar, est une des principales ressources du pays. Il serait facile d'établir des salines, surtout près du lac Assal, à 18 kilomètres ouest du fond du golfe de Tadjoura, et cette denrée trouverait des débouchés en Éthiopie, voire même jusqu'en Abyssinie. On a parlé de gisements houillers dans la région, mais, jusqu'ici, les recherches n'ont pas abouti.

Population. — Les Danakils (au singulier Donkali) et les Somalis, divisés en une foule de tribus, forment une population d'environ 22,000 individus d'origine arabe, gouvernés par des sultans et généralement pasteurs. Ils sont traîtres, fanatiques et sanguinaires.

Villes. — Obock, chef-lieu de la colonie, résidence du chef du service administratif, situé sur un plateau aride au nord de la baie de Tadjoura, est une station plutôt qu'une ville. On y compte de sept à huit cents habitants.

On y remarque une tour arabe carrée, dite « tour de Soleillet », qui sert de sémaphore, une factorerie desservie par un Decauville, un dépôt de charbon de Cardiff qui coûte plus cher

que le charbon pris à Aden, quelques constructions à l'usage des Messageries maritimes
dont les paquebots desservent la colonie les
15 ou 20 de chaque mois et un café-restaurant
tenu par un Français. Un décret du 3 mars 1886
a établi à Obock un pénitencier pour les condamnés Annamites, Indiens et Chinois.

Tadjoura, à 45 kilomètres d'Obock, est une
agréable petite ville arabe de 1500 babitants
environ, entourée de frais jardins et résidence
d'un sultan sous le protectorat de la France
depuis 1884.

Ambabo et *Sagallo*, villages sur la côte nord,
sont importants comme points de départ des
caravanes pour le Choa et le Kaffa.

Ras Djibouti, situé sur la côte Somali en face
de Tadjoura, est une tête de ligne des caravanes
allant au Harras et en Abyssinie.

Les *îles Moucha* ou *Moussa*, cédées à la
France en 1887, sont au nombre de trois. A
l'entrée de la baie de Tadjoura et en face d'Obock,
ces rochers stériles ne peuvent avoir qu'une
importance militaire.

Historique. — C'est en 1855 que le Gouvernement français fit acheter par M. Henri Lambert, son agent consulaire à Aden, le territoire
d'Obock situé sur la grande route maritime de
Suez aux Indes.

Ce n'est qu'en 1862 que l'amiral Fleuriot de Langle en prit possession. Henri Lambert et un autre de nos compatriotes, Arnoux, furent assassinés par les indigènes. En 1882, le sultan Hamed-Loïta céda à l'explorateur Paul Soleillet le territoire de Sagallo; cette donation fut confirmée par Menelick, roi du Choa. M. Lagarde, gouverneur d'Obock, a étendu le protectorat de la France sur les sultanats de Gobad, de Tadjoura (1884) et sur le village d'Ambado (1885) au sud de la baie : il peut être considéré comme un des fondateurs de notre colonie naissante. En 1887, par un accord entre la France et l'Angleterre, le cap Djibouti est devenu l'amorce de la ligne de délimitation du territoire français au sud et à l'ouest de la baie de Tadjoura.

Sur la même côte, la France a des droits sur la baie d'Adulis, où se trouvent deux misérables villages autrefois villes opulentes, Zoulah et Dessé, tête de ligne des caravanes pour l'Ethiopie septentrionale; cédés au commandant Russell par le roi Négousié. On y a trouvé, paraît-il, des filons d'anthracite.

Renseignements commerciaux. — Nos territoires de la mer Rouge ont surtout une importance militaire; cependant, par Tadjoura, nous pourrons attirer à la côte l'ivoire, la poudre d'or, les plumes d'autruche, les peaux

de lions et de guépards, le musc et les aromates
du Choa et de l'Harrar. Par ce point qui nous
permet de pénétrer dans le riche royaume de
Ménélik II, dont la population est évaluée à
3 millions d'individus, nous pourrons importer
librement les produits des manufactures françaises. Jusqu'ici les transports sont onéreux et
difficiles; cependant la création d'une route de
60 à 70 kilomètres est projetée pour atteindre
le lac Haoussa, où se jette la Aouache, rivière
navigable par laquelle les voyageurs pourront
parvenir au Choa. Il est aussi nécessaire
d'améliorer le port et d'augmenter l'importance
du dépôt de charbon d'Obock, afin que nos navires ne soient plus tributaires d'Aden.

CHEICK-SAID

De l'autre côté de la mer Rouge, sur la rive
arabique, est situé le territoire de Cheick-Saïd,
français depuis 1868. Une lagune abritée par le

cáp Bad el Mandeb pourrait être transformée avec quelques travaux en un excellent port de 1,500 hectares.

Une compagnie marseillaise avait obtenu, en 1868, une concession de 165,000 hectares du cheick des A'Kemi-ed-Doureïn, et une prise de possession officielle eut lieu dans le village ruine d'Okelis. Depuis lors, les Turcs ont contesté et ont fait occuper Cheick-Saïd par une petite garnison.

Cependant la France n'abandonne pas ses droits sur ce point qui, dominant l'île de Perim de 270 mètres, peut devenir pour notre marine un établissement militaire de premier ordre.

TUNISIE

Description géographique. — Traversée du sud-ouest au nord-est par deux chaînes de montagnes qui sont des rameaux de la chaîne algérienne et qui, suivant des lignes à peu près parallèles, vont s'abîmer dans la mer, l'une au cap Sidi-el-Mekki, l'autre au cap Bon, la Tunisie offre des zones de température différente correspondant à chacune de ces lignes de montagnes. Au nord, on retrouve les arbres de France et le climat de la Provence; la zone intermédiaire se prête aux cultures d'orangers et de bananiers; le sud est le pays des palmiers et de la flore des tropiques.

Deux fleuves, la Medjerdah et l'Oued-Melian, coulent vers l'est et fertilisent les vallées qu'ils traversent par leurs inondations pendant la saison des pluies qui est la belle saison.

Comme l'Algérie, la Tunisie comprend trois régions : le Sahel, le Tell ou la région des *chotts* et le Sahara ou Djérid.

Les côtes de la Tunisie sont assez dangereuses à cause des bas-fonds et des écueils qu'elles présentent. Elles offrent des rades plutôt que des ports; cependant les lacs ou plutôt les golfes de Tunis et de Bizerte seraient susceptibles de devenir de magnifiques ports.

Sa superficie est de 105,000 kilomètres carrés.

Productions. — La terre est peu morcelée en Tunisie : les propriétés de deux ou trois mille hectares n'y sont pas rares. La plupart d'entre elles appartiennent à des congrégations religieuses ou à des mosquées. On les nomme *habbous* et ce sont des biens de main-morte susceptibles d'être loués à baux perpétuels (enzels) qui sont transmissibles. La propriété individuelle est appelée *melk* et ses titres mal établis provoquent des procès interminables.

Le fermier des biens *habbous* payant ordinairement en nature, garde les deux cinquièmes de la récolte et donne trois cinquièmes au propriétaire; en outre, il fournit les charrues et les bœufs.

Les Arabes ne cultivent guère que le blé et l'orge et les engrais leur sont presque inconnus; de là beaucoup de jachères. L'olivier pousse partout; mais il ne donne une récolte qu'au bout de dix ans; de plus, un pied d'olivier paye 0 fr. 50 par an au fisc et le revenu moyen de l'arbre est de 1 fr. par an environ. La vigne est plus rémunératrice : au bout de trois ans, la récolte couvre les frais de culture. L'hectare planté revient environ à 2,000 fr. et peut donner, la quatrième année, de 30 à 35 hectolitres de vin, c'est-à-dire un revenu de 800 à 1000 fr.

Malheureusement, la vigne a pour ennemis l'altise, le mildew, etc.

On estime que la culture arabe, bien que fort défectueuse, donne huit et dix pour cent du capital engagé.

3.

Le bas prix de la terre qui, par exemple, aux environs du Zaghouan où l'eau ne manque pas, se vend 50 ou 60 fr. l'hectare, rendrait lucratives les cultures fourragères : moha, millet, sorgho, maïs, fève, luzerne, etc. qui manquent totalement. Le commerce des bestiaux donnerait un produit sûr et rapide. Le coton, le tabac, la ramie, la garance sont susceptibles de donner de bons résultats. Les oléagineux : sésame, lin, colza, arachide, ricin, etc., si rémunérateurs aux Indes, commencent à être cultivés avec succès.

Les pluies torrentielles entraînent dans les vallées les bonnes terres en dénudant les sommets qui ne sont pas boisés. Cependant, il existe dans le nord-ouest de la Tunisie de vastes forêts de chênes verts, de chênes-liège, de thuyas et de pins résineux. Dans le sud, existent des forêts de gommiers.

Il y a peu d'animaux sauvages en Tunisie ; quelques vipères, aspics et scorpions sont seuls à redouter. En revanche, les chevaux, les bœufs et les moutons abondent et sont l'objet d'un commerce assez considérable.

Quelques mines de plomb (Djebel R'sas), de fer, des carrières de beaux marbres (Chemtou) font encore partie des richesses du pays.

Villes principales. — *Tunis*, au fond du golfe

ou du lac de ce nom, est une grande ville de 125,000 habitants, dont 25,000 Européens.

Très commerçante, elle a 1,600 mètres de large et 2,000 mètres de long. Ses *souks* ou bazars sont célèbres et très curieux à visiter. Un chemin de fer la relie à *La Goulette*, jolie ville très proprette et point de débarquement des paquebots.

Depuis l'établissement du protectorat, Tunis a changé d'aspect : de grands boulevards ont été percés, un quartier nouveau s'élève peu à peu sur les terrains conquis sur le lac, et de belles villas ont été construites dans les riants villages des environs (La Marsa, Carthage, Khereddine, La Manouba). Il faut aussi citer l'Enfida, vaste domaine de 120,000 hectares, bien arrosé et bien cultivé. De plus, Tunis possède un tronçon de ligne ferrée, amorce de la ligne de Sousse et prolongement de la ligne Algérienne qui conduit à *Hammam-Lif* où se trouvent des sources thermales dans un site délicieux, au pied des montagnes et au bord de la Méditerranée.

Sfax (42,000 habitants), seconde ville de Tunisie par sa population, fait un grand commerce d'huile et d'éponges. Des jardins fruitiers entourent la ville, et la vigne y donne de bons résultats.

Sousse (10,000 habitants), renommée par ses huiles et ses dattes. *Kairouan,* la ville sainte, reliée à Sousse par un tramway, possède les seules mosquées où un Européen puisse être admis. *Bizerte,* le futur port militaire et commercial de la Régence.

La population, composée de Maures habitant les villes, d'Arabes vivant sous la tente et de Kabyles logeant dans des gourbis, s'élève à 1,500,000 habitants.

La population européenne comprend 8,000 Français environ, 10,000 Italiens, 9,000 Anglo-Maltais, etc.

La population juive, de différentes nationalités, s'élève à 45,000 habitants.

Histoire. — Colonisée d'abord par des commerçants phéniciens, la Tunisie suivit la fortune de Carthage dans sa lutte contre Rome. Plusieurs civilisations se sont superposées sur cette terre où l'antiquité semble contemporaine. Après avoir été le grenier de Rome, la Tunisie tomba au pouvoir des Vandales.

La première invasion arabe date de l'an 644 de notre ère; la plus terrible fut celle d'Okba ben Nafy, en 670, qui engloba toute l'Afrique septentrionale.

Depuis lors, la Tunisie appartint à l'Islam, bien que saint Louis et Charles-Quint aient

disputé tour à tour au Croissant cette terre
arrosée du sang des martyrs chrétiens et où
vécut saint Augustin.

Depuis le bey Ahmed, la Tunisie s'était peu à
peu affranchie du joug de Constantinople ; aussi,
quand en 1881, la France, pour châtier les
Kroumirs et sauvegarder les intérèts de ses na-
tionaux, envoya un petit corps expéditionnaire
en Tunisie, c'est à peine si la Turquie protesta.

Le traité de Ksar-Saïd (12 mars 1881) que le
général Bréart fit signer au bey, Mohammed es
Sadock, mit fin à l'expédition qui, à part quel-
quels combats en Kroumirie et la prise de Sfax,
ne fut qu'une promenade militaire. Depuis cette
époque, le protectorat Français sauvegarde la
sécurité du pays et l'administration financière.
Le bey continue à gouverner la régence ; mais
tous les fonctionnaires Tunisiens sont placés
sous le contrôle et la surveillance de contrôleurs
ou de commandants militaires Français. Le régime gouvernemental de la Tunisie est le type
le plus parfait du protectorat, en ce sens qu'il
conserve les institutions du pays en améliorant
l'administration. Il faut être reconnaissant à
nos résidents et en particulier à M. Massicault,
de la prospérité que la Tunisie doit à la judi-
cieuse application du protectorat.

« On est heureux, disait M. L. Vignon dans

sa communication du 17 mai 1887 à la Société
de Géographie commerciale, de pouvoir cons-
tater que la politique financière adoptée par la
France en Tunisie a été tout autre que celle
suivie en Algérie. Nous avons trouvé dans la
Régence de Tunis une administration et un
budget : la politique du ministre résident était
de réorganiser l'administration indigène, de
mettre de l'ordre dans le budget beylical ; il ne
faut point hésiter à dire que ce n'est pas un des
moindres mérites de l'administration du protectorat d'être parvenue à faire face à toutes les
dépenses du pays avec ses propres ressources
et d'avoir établi l'ordre et l'économie dans le
budget tunisien. La France a dépensé en Tuni-
nisie, de 1881 à la fin de 1886, une somme totale de 153 millions, sur lesquels 142 millions
pour frais de la conquête et de l'occupation,
5 millions pour les services civils et 6 millions
pour avances au gouvernement beylical.

En 1886, le Trésor Français n'a dépensé en
Tunisie que 9 millions et demi pour l'entretien
du corps d'occupation, les frais de trésorerie et
la résidence générale. C'est le budget tunisien,
s'élevant à 25 millions de francs, qui supporte
les dépenses d'administration, y compris le
traitement des contrôleurs civils français, les
dépenses des travaux publics, l'intérêt de la

dette, etc. Peu à peu, ces dépenses devront décroître, et la colonie, selon le système anglais, paiera la colonie. »

Renseignements commerciaux. — La Tunisie présente selon ses régions des climats différents. Ainsi le littoral et le sud, délicieux en hiver, présentent en été une température de 48 degrés. En Kroumirie, on a un hiver rigoureux et un été tempéré : ce climat conviendrait très bien à nos Alsaciens-Lorrains qui s'habituent difficilement à la chaleur. Nos Provençaux s'acclimateraient partout, excepté dans le sud (Djerid, Nefzaoua, Gabès) points militaires importants, mais où les étés sont meurtriers.

La vallée de la Medjerdah, riche et fertile, est propice à la culture du blé et de la vigne; pour cette dernière, il suffit de défoncer la terre profondément.

De nombreux ruisseaux permettent d'arroser les vignes et au besoin de les submerger, mais un bon vigneron doit aussi savoir bien faire le vin; la vinification est trop négligée en Tunisie comme en Algérie.

Dans son beau domaine de la Marsa, Mgr Lavigerie occupe des vignerons de Narbonne; aussi ses vins rosés sont-ils renommés dans toute la Régence.

Sfax est le centre du commerce de l'alfa et du commerce des éponges.

L'industrie tunisienne est connue par ses produits originaux en soie, laine et coton, ses bijoux, sa cordonnerie et ses essences.

Le trafic de la Régence est évalué à 50 millions environ. Malheureusement, à cause des traités de commerce actuels, les importations sont plutôt italiennes que françaises. Mais le Protectorat est un système colonial à extension lente et graduelle. Avec peu de soldats, quelques fonctionnaires, beaucoup d'ingénieurs et la liberté de commerce, la mise en valeur des mines, des forêts et du sol s'opérera peu à peu avec le concours de l'immigration française.

Le trajet de Marseille à Tunis s'effectue en 36 heures par les paquebots de la Compagnie transatlantique très bien aménagés. Le prix du passage est de 148 fr. en 1re classe; 118 fr. en 2e classe; 67 fr. en 3e classe; 57 fr. en 4e classe.

Les chemins de fer de Bône-Guelma ont un prolongement jusqu'à Tunis par Ghardimaou. Dans quelques années, d'après les projets de la Résidence générale, la ligne sera continuée jusqu'à Sousse, Gabès et Tébessa, de sorte qu'on pourra traverser l'Afrique septentrionale en chemin de fer de Gabès à la frontière du Maroc.

MADAGASCAR

~~~~~~~~~~~~

Description géographique. — L'île de Madagascar, située près de la côte orientale d'Afrique, dont la sépare le canal de Mozambique, possède une superficie totale de 592,000 kilomètres carrés environ, c'est-à-dire un seizième de plus que la surface de la France. Elle a 1,625 kilomètres dans sa plus grande longueur, du cap d'Ambre au cap Sainte-Marie, et sa largeur moyenne de l'est à l'ouest peut être évaluée à 500 kilomètres.

D'une forme à peu près rectangulaire, elle présente au centre une arête de montagnes granitiques, dont plusieurs pics atteignent 1,000 et 2,590 mètres d'altitude. Du massif central se détachent cinq chaînes de montagnes se dirigeant teutes du nord nord-est au sud sud-ouest, et donnant naissance à de nombreux cours d'eau d'une navigation difficile, à cause des rapides et de la baisse des eaux pendant la saison chaude. Le Maningory qui se jette à la mer non loin de Fénériffe, le Mangourou qui atteint la mer auprès du port de Mahanoro et le Mananzara sont les principaux cours d'eau de la côte orientale; mais il existe sur cette côte un très grand nombre de rivières qui, à leurs embouchures, forment des lagunes marécageuses séparées de la mer par des bandes de sable. C'est ainsi qu'entre la bouche de l'Ivondrona et celle du Matitanana, plus de cinquante cours d'eau forment une série d'environ vingt-deux lacs ou marigots s'étendant sur une longueur de 485 kilomètres et séparés par des isthmes : c'est à cette disposition que la côte orientale doit son insalubrité.

Le Betsiboka, grossi par l'Ikoupa qui descend du massif central, est le fleuve le plus important de la côte occidentale et peut-être de l'île tout entière, car il est navigable sur un plus long parcours. Son cours n'a pas moins de 800 kilomètres. Madagascar possède aussi des lacs qui le plus souvent occupent le cratère d'anciens volcans, citons entre autres : le lac d'Alaotra et le lac Itasy, non loin de la capitale.

L'île de Madagascar appartient à la zone intertropicale; mais, par suite de l'altitude de ses montagnes, elle peut offrir une température variant entre 10 et 35 degrés.

Productions. — « Madagascar est un pays qui possède tout ce qui est nécessaire à la vie et pourrait se passer de tous les autres », disait

Étienne de Flacourt qui dirigeait au XVIIe siècle nos établissements sur la grande île. Sa flore, qui compte 2,500 espèces connues et classées, réunit les végétaux de l'Afrique, de l'Amérique méridionale, de l'Australie et de l'Asie. On y rencontre une sorte de baobab, inférieur au baobab africain, le tamarinier, le cocotier, l'arbre à pain, une grande variété de palmiers, parmi lesquels le sagou et le *rafia*, dont les fibres servent à la confection des rabanes et lambas, pièces d'étoffe qui servent de base au costume malgache. Le ravenala est employé dans les légères constructions indigènes. Les arbres à fruit des tropiques : citronniers, orangers, bananiers, mûriers, etc. s'y rencontrent, à côté de plantes pharmaceutiques ou même vénéneuses parmi lesquelles le *tanghin*, qui a joué un rôle si terrible dans la politique hova.

La faune malgache compte peu d'animaux dangereux. Quelques chats sauvages, très rares du reste, des serpents ordinairement sans venin et utiles destructeurs des rats, et les caïmans en très grande quantité, sont avec les moustiques et peut-être aussi une araignée venimeuse, les seuls animaux qui puissent exciter quelque crainte. En revanche, le bœuf à bosse ou zébu est très répandu; le mouton, la chèvre, le porc, se multiplient facilement. On rencontre dans les forêts des sangliers, des *makes* ou lémurs de différentes tailles, de grosses chauves-souris qu'on mange, bien que leur chair ait un parfum musqué assez désagréable, des perroquets et beaucoup d'oiseaux de plumage varié. Les rivières sont abondantes en poissons et en grosses écrevisses.

L'agriculture est peu développée, par suite de la paresse et de l'incurie des indigènes. Seuls, les environs de la capitale possèdent des jardins potagers et fruitiers bien cultivés. Le riz constitue avec le manioc, de gros haricots et du maïs, la base de l'alimentation des Malgaches. Les jours de fête, on y joint du bœuf et des poulets qui sont à bas prix. Le café cultivé à une certaine altitude aux environs de la capitale, la canne à sucre cultivée sur certaines plantations donnent d'excellents résultats. Le blé, le cacao, la vanille, le coton, le tabac, pourraient donner lieu à des cultures rémunératrices sur cette terre fertile et largement arrosée par les pluies surtout à la côte est. Le caoutchouc, les textiles et surtout le *rafia*, les plantes tinctoriales parmi lesquelles l'orseille, très commun dans la baie de Saint-Augustin, les épices, telles que la girofle, la canelle, etc., enfin les bois de construction sont les richesses naturelles facilement exploitables de Madagascar.

Ethnographie. — On distingue dans la population de la Grande-Terre, évaluée à environ
un million et demi d'habitants, trois races principales : le Hova, le Sakalave et le Betsimisarac,
à côté desquelles il y a une infinité d'autres
peuplades, issues de divers mélanges. Le Hova,
d'origine malaise, intelligent et rusé, doit à son
habileté et à la cohésion de son organisation
sociale sa supériorité sur les autres tribus de
l'île, beaucoup plus considérables en nombre.

Le Sakalave, arabe mélangé de nègre, paresseux, vaniteux, turbulent, est généralement
guerrier ou brigand. Les peuplades Sakalaves,
répandues dans la région occidentale, sont en
guerres continuelles. Le Betsimisarac, de race
nègre, paisible, robuste, aux formes atlhétiques,
cultive le sol ou sert de porteur.

La langue malgache, dérivée du malais et de
l'arabe, est difficile à apprendre à cause de ses
mots composés. Elle s'écrit en caractères latins.
Les Malgaches ont une tendance à adopter les
costumes et les habitudes des Européens. Ils
portent ordinairement le *langouti*, pièce d'étoffe
ceignant les reins et passant entre les jambes,
et le *lamba*, en rafia ou en coton, dans lequel
ils se drappent avec plus ou moins d'art. La
plupart des maisons sont des cases en bambous
recouverts avec des feuilles de ravenala; mais

il existe des maisons en briques et en pierre.
Tout Malgache est tenu d'appartenir au catho-
licisme ou à la religion protestante ; cependant
les croyances superstitieuses, les amulettes, les
prédictions des *ombiaches* ou devins sont toujours respectées, bien que les ordalies ou
épreuves judiciaires par le feu ou le poison, le
serment du sang ou *fattidrah*, fort usités autrefois, soient aujourd'hui tombés en désuétude.

Comme tous les peuples indolents et sensuels,
les Malgaches aiment passionnément le chant,
la danse et la musique. Leurs instruments se
composent de fifres, de tambours en bambou et
d'une sorte de guitare primitive, le *marouvané ;*
mais, dans les villes, il y a depuis peu des fan-
fares organisées à l'européenne.

La difficulté des communications retarde
beaucoup les progrès de la civilisation et la mise
en valeur des richesses du pays, particulièrement des mines qui sont fort nombreuses.

En effet, il n'existe entre les ports et les principales villes de l'intérieur que des sentiers à
peine praticables pendant la belle saison. La
méfiance du gouvernement hova a empêché
jusqu'ici la construction de routes ; aussi tous
les transports de voyageurs ou de marchandises
se font-ils encore à dos d'hommes.

Villes principales. — Les villes principales

sont *Tananarive*, capitale des Hovas et du royaume de Madagascar, située dans les montagnes de l'Imérina, à 1,500 mètres au-dessus de la mer et à environ six jours de marche de la côte. Cette ville qui compte 150,000 habitants possède quelques édifices bien construits en granit blanchâtre et en briques, tels que le palais de la Reine, le palais du Premier Ministre, le palais du Résident général et l'église catholique. A part ces monuments, la capitale de Madagascar présente un amas de cases en terre et en bois s'échelonnant sur les flancs de trois collines granitiques et au milieu desquelles circulent des ruelles tortueuses, sales, populeuses, transformées à chaque pluie en torrents boueux. La place d'Andhoalo, vers laquelle convergent les principales rues de la ville, est un vaste espace de forme triangulaire, dont le sol est inégal et déformé. C'est le *forum* où se tiennent les marchés et les *Kabarys*, réunions publiques où se discutent les moindres affaires et qui jouent un grand rôle dans la vie des Malgaches.

A une vingtaine de kilomètres de la capitale, se trouve la ville sainte d'*Ambohimanga*, l'une des « douze cités sacrées », bâtie sur une hauteur comme la plupart des villes hovas. Il s'y trouve des eaux thermales et, chaque année, la Reine y passe quelques semaines avec toute la Cour, après les fêtes du Bain ou le *Fandroana* qui ont lieu le 22 novembre.

Une autre ville porte le nom de capitale : c'est *Fianazantsoa*, chef-lieu des Betsiléos, située à 2,300 mètres d'altitude. La température y est agréable et cette ville, à quelques jours de distance de *Mananzary* et qui commande la route du sud à la capitale dont elle est distante de 300 kilomètres, est appelée à devenir un *sanatorium* pour les malades de la côte est, en même temps qu'un centre industriel et commercial. En effet, le sol de cette partie de Madagascar est riche en minerai de fer de qualité supérieure. Mais, là encore, la difficulté des communications retarde la mise en valeur des richesses du pays.

Tamatave est la principale ville maritime de Madagascar et le premier marché de la côte orientale, car elle est desservie par les paquebots des Messageries maritimes et se trouve en communications constantes avec la Réunion, Maurice, l'île Sainte-Marie et Diego-Suarez. Les importations de : toiles américaines, rhum de Maurice, articles de Paris, etc., sont évaluées à environ 37,000 tonnes. Les exportations consistant en bœufs vivants, cuirs, cafés, sucres, rafia, caoutchouc, etc. s'élèvent à 16,100 tonnes environ.

Bâtie sur le sable, Tamatave se divise en deux villes : la ville blanche, où l'on trouve deux hôtels et des maisons construites à l'européenne, et la ville noire, construite en paillottes.

Un petit fortin appelé la *Batterie* sert de lieu de résidence au gouverneur hova et de caserne aux soldats hovas. Tamatave, point de départ de la principale route de Tananarive, possède une rade spacieuse susceptible d'être transformée en un excellent port.

Vatoumandry, Mahanoro, Mahéla et Masindrano sur le Mananzary, proche de Fianarantsoa, petites villes de la côte est, n'offrent que des rades foraines, souvent dangereuses pendant la mousson de sud-ouest et fréquentées seulement par de petits voiliers.

Majunga est le port le plus fréquenté de la côte occidentale. Sa proximité des colonies anglaises, allemandes et portugaises de la côte orientale d'Afrique, les facilités que cette ville offrirait comme point de départ de la route la plus directe de Tananarive, par le Betsiboka et l'Ikoupa, en passant par les stations françaises récemment fondées par notre compatriote, M. Léon Suberbie, sur son exploitation aurifère du Mévatanana, enfin des gisements de houille découverts dernièrement dans la région et le climat plus sain de la côte ouest font présumer le rapide et prochain essor de cette ancienne cité arabe. La rade de Majunga, au fond de la magnifique baie de Bombetok, abritée par deux promontoires, deviendra avec quelques travaux un excellent port et pourra recevoir les paquebots des Messageries maritimes qui jusqu'ici font escale à Nossi-Bé.

Aujourd'hui, les produits d'importation à Majunga sont évalués à 20,000 tonnes et le trafic d'exportation à 19,000 tonnes environ. Mais, nous le répétons, quand la route de Majunga à Tananarive sera rendue un peu plus praticable par quelques travaux, notamment au col de Malatsy, voire même par l'établissement d'un Decauville, les 442 kilomètres qui séparent ces deux villes seront plus vite parcourus que les 350 kilomètres de la route de Tamatave à la capitale et Majunga deviendra le port le plus important de Madagascar.

Citons encore sur la côte occidentale : Passandava, Saint-Augustin, Tuléar, de minime importance.

Histoire. — Madagascar, qui est peut-être la Cerne de Pline et de l'île Menuchias que Ptolémée et Arrien plaçaient au sud-est de l'Afrique, près des îles Pyrolaos (Comores), Madagascar fût connue de bonne heure des navigateurs arabes qui visitaient la côte orientale d'Afrique.

Edrissi paraît l'indiquer dans une terre dénom-
mée Chezbeza ; mais c'est Marco Polo qui, le premier, au XIIIᵉ siècle, d'après les Chinois et les
Arabes, donna le nom de Madagascar à cette
grande île que ses habitants appelaient *Hiera-
Bé* — la Grande-Terre.

Les Portugais explorèrent d'abord ses côtes
et, en 1642, Richelieu concéda à des marins
dieppois Madagascar, désignée sous le nom
d'*Ile Dauphine,* et les îles adjacentes « pour y
ériger des colonies et en prendre possession au
nom de Sa Majesté très chrétienne. » Le premier comptoir français fut *Fort-Dauphin* fondé
par Pronis à proximité de la riche vallée d'Am-
boule et qui devint, en 1664, le chef-lieu des établissements de la Compagnie des Indes orien-
tales, créée par Colbert. Cependant ces tentatives
de colonisation donnèrent peu de résultats et
parmi les gouverneurs et vice-rois de l'Ile Dauphine devenue *la France orientale,* plus préoc-
cupés d'exploiter les indigènes que de les
civiliser, l'histoire conserve avec vénération le
seul nom de La Case.

En 1672, les insulaires, exaspérés par les
violences des gouverneurs, massacrèrent les
colons français. Ceux qui purent s'échapper
gagnèrent Bourbon et formèrent le premier
noyau de colonisation de cette île. Louis XIV,

absorbé par des guerres continentales, ne put
guère s'occuper de relever l'influence française
à Madagascar ; mais, en 1686, il réunit cette île
au domaine de la Couronne et cette décision fut
confirmée par les édits de 1719, 1720 et 1721.
Pendant cette période, nous n'avons à enregis-
trer que les noms du comte de Mondave et de
Benyowski, aventurier hongrois dont la vie
ressemble à une légende, qui essayèrent de
ressaisir cette belle colonie « reine de l'Océan
Indien » ; mais, réduits à leurs seules forces, en
butte à la jalousie des administrateurs de l'Ile
de France, ils se découragèrent et moururent
à la peine.

Sous la Révolution et sous l'Empire, la
France n'eut que quelques comptoirs sur la
côte est réunis sous la direction de Sylvain
Roux, agent commercial résidant à Tamatave,
En 1811, après la reddition de l'Ile de France,
les Anglais détruisirent les forts français de
Madagascar et s'installèrent à Port-Longuez
(1814), puis à Tamatave et à Foulepointe (1816).

Cependant le gouvernement anglais fit droit
aux justes réclamations de la France et retira
ses garnisons de Tamatave et de Foulepointe.
Mais, tout en ayant l'air d'obéir aux ordres
de son gouvernement, sir Robert Farquhar,
gouverneur de l'Ile de France devenue Ile

Maurice, mit tout en œuvre pour accroître l'influence anglaise au détriment de la souveraineté et des droits incontestables de la France. Avec une ténacité et un esprit politique vraiment remarquables, il aida en secret les Hovas, petite tribu intelligente et disciplinée qui s'était réfugiée dans les montagnes de l'Imérina, dans leurs guerres continuelles avec les autres tribus de l'île et particulièrement avec les Sakalaves, nos anciens alliés.

Radama, fils d'Andrianamponine, fondateur de l'unité hova, devenu l'allié de l'Angleterre, soumit Jean René, roi de Tamatave et notre protégé, et se fit reconnaître pour roi de Madagascar et de ses dépendances, bien qu'il ne possédât pas la quarantième partie de l'île. Selon les conseils de l'agent britannique, James Hastie, il enleva aux *Kabars* ou assemblées du peuple leurs pouvoirs consultatifs et délibératifs, organisa une armée et encadra tout son peuple dans une hiérarchie de grades appelés *honneurs*. De plus, des missionnaires anglais ouvrirent des écoles et enseignèrent la religion et la politique britanniques. Dès lors, sous le couvert des Hovas, l'Angleterre put ruiner la séculaire domination française en combattant les chefs Sakalaves placés sous notre protectorat. Pointe à Larrée, Fondarare, Tintingue et Fort-Dauphin tombèrent au pouvoir de Radama qui, reconnaissant envers ses alliés, accorda à tous les navires du commerce anglais l'entrée des ports de Madagascar et autorisa les Anglais à résider dans l'île et à y bâtir des maisons. C'est ainsi qu'à la fin de 1825, la politique de sir Robert Farquhar avait obtenu un succès à peu près complet. Pendant ce temps, la France se contentait de la possession de l'île Sainte-Marie, acquise en 1822, et subissait toutes les exigences des Hovas.

Radama mourut en 1828, à la suite d'excès alcooliques, et Ranavalo, une de ses femmes, fut proclamée reine par les chefs du peuple et mariée à un des leurs, Raïnizouari (*). James Hastie était mort et les Hovas, croyant n'avoir plus rien à redouter de la France, essayèrent de se débarrasser des Anglais, alliés désormais inutiles. Persécutés, les missionnaires anglais quittèrent Tananarive, les négociants anglais et français de Tamatave furent chassés et leurs biens pillés, et tout Malgache soupçonné d'être chrétien ou ami des étrangers fut maltraité ou mis à mort. La mesure était comble : Tamatave

(*) D'après la Constitution hova, inspirée par la Constitution anglaise, la Reine règne et le Premier Ministre gouverne avec l'aide d'un Conseil des Ministres sous la ratification de l'Assemblée populaire (29 mars 1881).

fut bombardée (1845) par les Anglais et Français réunis et pendant huit années Madagascar resta fermée au commerce anglais et français.

Cependant quelques uns de nos compatriotes, parmi lesquels il faut citer MM. de Lastelle et Jean Laborde, avaient acquis une influence méritée à la cour d'Emirne par les services rendus. Amis de la reine et du prince Rakoto qui bientôt lui succéda sous le nom de Radama II (1861), ils travaillèrent à placer Madagascar sous le protectorat de la France et à fonder une grande Compagnie destinée à mettre en valeur les richesses de Madagascar. Ils furent puissamment aidés dans cette œuvre patriotique par M. Lambert, français établi à Maurice. Mais les intrigues anglaises ne cessaient de créer des difficultés à l'influence française et le révérend William Ellis, émissaire de lord Clarendon, exploita assez habilement les mécontentements des Hovas pour susciter une émeute dans laquelle périt Radama II (1863). La charte Lambert organisant la Compagnie de Madagascar et les concessions faites aux Français furent annulées, la veuve de Radama fut proclamée reine sous le nom de Rasoherina et les missionnaires anglais redevinrent prépondérants à la cour d'Emirne. Une indemnité dérisoire de 870,246 fr. 12 fut la seule compensation accordée à la France, bien que la vieille reine témoignât une certaine amitié à M. Laborde, notre consul intérimaire. A Rasohérina succéda sa cousine Ramona, sous le nom de Ranavalo II. Cette princesse, élevée par un pasteur anglais, épousa Raïnilaiarivony, premier ministre et veuf de Rasohérina, et sous son règne l'influence anglaise ne cessa de s'accroître, d'autant plus que la France avait à panser les blessures de la guerre de 1870 et à reprendre sa stabilité politique. C'est en 1882 seulement, sous le ministère Duclerc, que nous pûmes protester contre les empiètements des Hovas sur la côte nord-ouest placée sous notre protectorat et appuyer nos réclamations de l'envoi d'un petit corps expéditionnaire. La prise de Majunga par l'amiral Pierre (1883) fut le signal de l'expulsion de tous les Français de Tananarive et il fallut toute l'énergie de M. Léon Suberbie, négociant français habitant la capitale, et toute l'influence qu'il possédait sur le premier ministre, Raïnilaiarivony, pour empêcher nos compatriotes d'être massacrés et pour leur permettre d'arriver sains et saufs à la côte. Tamatave fut aussi bombardée par l'amiral Pierre. Sur ces entrefaites, la reine Ranavalo II mourut (14 juillet 1883) et le premier ministre mit à sa place, sous le nom de Ranavalo III, la prin-

cesse Razatindrahety, petite nièce de Radama I
et conserva sa situation de prince consort et de
premier ministre sous cette troisième souve-
raine. L'amiral Pierre mourut et fut remplacé
par l'amiral Galiber qui occupa Vohémar, Fort-
Dauphin, Foulepointe et eut pour successeur
l'amiral Miot (1883). Les négociations n'ayant
pu aboutir, l'amiral s'empara du fort d'Amboonio
dans la baie de Passandava et de la magnifique
baie de Diego-Suarez. Puis, ayant reçu l'ordre
de terminer à bref délai la question de Madagascar, il attaqua les retranchements des Hovas
à Farafate, près de Tamatave. L'action resta
indécise ; les troupes hovas s'enfuirent, mais
nos marins ne s'emparèrent pas des retranchements. Cependant le 17 décembre 1885, l'amiral
Miot et M. Patrimonio, ministre plénipoten-
tiaire, parvinrent à conclure un traité avec le
général hova Digby Willoughby, sujet britannique, commandant les troupes malgaches. Par
ce traité, la France représentait Madagascar
dans toutes les relations extérieures et était
chargée, à l'étranger, de la protection des sujets
malgaches. Une indemnité de guerre de dix
millions devait être payée par le gouvernement
malgache et les Français avaient dès lors le droit
de louer, par bail emphytéotique renouvelable,
des propriétés immobilières sur le sol de l'île.

4.

De plus, la baie de Diego-Suarez était concédée à la France et la reine promettait de traiter avec bienveillance les Antankares et les Sakalaves nos anciens alliés. Somme toute, la déconsidération dans laquelle était tombée à ce moment la politique coloniale, auprès des Chambres et du pays, les forces insuffisantes dont disposait l'amiral Miot ne pouvaient nous obtenir de meilleures conditions.

M. Le Myre de Vilers, notre premier résident général à Tananarive, s'efforça de rétablir l'influence morale de la France à la cour d'Émirne, et son successeur, M. Bompard, est en train d'acquérir une situation prépondérante dans les conseils du gouvernement hova par son caractère sympathique et conciliant.

En somme, notre protectorat à Madagascar ne triomphera des intrigues anglaises et des méfiances de la cour d'Émirne que le jour où le premier ministre Raïnilaiarivony, homme intelligent et patriote sincère qui met toute sa gloire à fonder l'unité malgache, aura bien compris que l'intérêt de son pays est d'être franchement l'allié de la France. Quant à la France, au risque de démentir la politique de Louis XIV, elle ne peut espérer exercer efficacement son protectorat à Madagascar qu'en s'appuyant sur l'élément hova.

Déjà l'installation d'une ligne télégraphique de Tamatave à Tananarive et l'emprunt du gouvernement hova ont été concédés à des Français. C'est encore un de nos compatriotes, M. Léon Suberbie qui, à la tête d'une cinquantaine d'ingénieurs et de contre-maîtres français, a obtenu la concession de la vaste exploitation aurifère de Mevatanana, sur l'Ikoupa, et qui a construit en plein pays Sakalave des villages français. Malheureusement, si la reine est encore jeune, le premier ministre est âgé et il est difficile de prévoir les complications qui surgiraient à Madagascar, si ce puissant homme d'état, véritable roi de Madagascar, venait à disparaître.

Renseignements commerciaux. — Par ses différentes altitudes, Madagascar présente une température variant entre 10 et 35 degrés ; son insalubrité a été fort exagérée, car, avec une hygiène bien entendue et en évitant les excès de boissons et surtout les insolations, on peut éviter les maladies de foie et la fièvre, la terrible fièvre de Madagascar, qui présente des accès pernicieux sur la côte orientale très marécageuse, surtout après les grandes pluies. Lés boissons chaudes sont toujours préférables aux boissons dites « rafraîchissantes » et aux boissons alcooliques.

Les Français peuvent parfaitement s'acclimater à Madagascar, surtout dans l'intérieur et sur la côte ouest, en observant les prescriptions de l'hygiène et en prenant tous les matins une dose de quinine.

La ligne des Messageries maritimes (*) met Tamatave à vingt-cinq jours de Marseille et à cinquante heures de la Réunion. Les départs de Marseille ont lieu le 12 de chaque mois; les départs de Maurice, pour le retour, le 23 de chaque mois. Le prix du passage de Marseille à Tamatave est de : 1,450 fr. en première classe; 915 fr. en seconde classe; 460 fr. en troisième classe, nourriture et vin compris, avec une franchise de 150 kilos de bagages en première et deuxième classe et de 75 kilos en troisième.

Les Messageries maritimes délivrent des billets d'aller et retour, valables pendant plusieurs mois avec réduction de prix. Pour les marchandises ordinaires, les frets par 1000 kilos sont de 55 fr. pour Mayotte et Nossi-Bé, et de 60 fr. pour Diego-Suarez et Tamatave. Les voyageurs pour Majunga doivent quitter le paquebot à Nossi-Bé, où ils prennent le bateau-poste pour Majunga. S'ils se rendent à Tananarive par la route de Majunga (442 kilomètres)

(*) Des bateaux du Havre et des *steamers* anglais touchent aussi régulièrement à Tamatave.

ils feront le voyage en pirogue jusqu'à Mevatanana, à moins qu'ils n'obtiennent de M. Suberbie le passage sur sa chaloupe à vapeur, et de
ce point à la capitale en *filanzane* ou *fitacon*,
sorte de palanquin qui nécessite huit porteurs,
payés de 25 à 30 fr. par tète. Pour les bagages,
on compte un porteur par 45 ou 50 kilos.

De Tamatave à Tananarive, le voyage, qui
n'est que de 350 kilomètres, s'élève à 400 ou
450 fr. par voyageur avec 50 kilos de bagages
environ. Il y a tout lieu d'espérer qu'avant peu
nos petits chevaux de montagne et nos mulets
remplaceront ce moyen primitif de transport à
dos d'homme,

Le gouvernement hova prélève un droit de
8 à 10 pour 100 sur tous les objets de commerce
importés ou exportés, à l'exception des livres
et de la papeterie.

Les principaux produits d'exportation de
Madagascar sont actuellement les bœufs, les
peaux, le riz et les moutons. Une peau de bœuf
varie entre 5 fr. 40 et 7 fr. 50 et il s'en exporte
environ 500,000 par an. Il serait facile d'installer des tanneries et de fabriquer des conserves de viandes et de bouillon façon Liebig.
Le commerce des peaux de caïmans pourrait
être créé avec une mise de fonds insigni-

fiante (*). Le caoutchouc est en train de prendre un grand développement (350 fr. les 100 kilos); mais il faudrait réglementer son exploitation, sous peine de voir disparaître la plante. Le café à 70 fr. les 100 kilos; le sucre brut, 45 fr. les 100 kilos; le saindoux, 40 fr. les 100 kilos, l'écaille de la tortue caret, et le commerce des bois sur la côte ouest sont susceptibles d'un plus grand développement commercial. On pourrait tenter aussi la culture de la vigne, de la vanille, l'élevage des vers à soie et surtout des chevaux et des vaches, car le lait est très rare à Madagascar. La seule industrie des Malgaches consiste en tissus de rafias et de soie, en poteries grossières, en menus objets de corne et en bijoux disgracieux. Le Malgache a peu de besoins; mais, sous l'influence des Européens, le luxe de la toilette et de la table commence à s'implanter chez les riches Hovas. La Reine se fait habiller par une couturière parisienne et plusieurs salons de son palais sont remplis de meubles et de bibelots français. Cependant, avec les ressources du pays en bois d'ébénisterie et le prix des transports, il serait

(*) L'esclavage, dans sa forme la plus douce, existe encore à Madagascar quoique l'introduction des esclaves soit interdite. Le travailleur libre, ordinairement d'origine Betsimisarac, se paie de 0,65 c. à 1 fr. par jour selon les professions.

préférable de faire fabriquer les meubles sur place.

Le commerce d'importation consiste en conserves, vins, tissus, généralement de provenance américaine, faïences et quincaillerie. Les transactions s'opèrent à l'aide de la pièce française de cinq francs divisée en petits morceaux. Grâce à l'apaisement des esprits et à l'entente cordiale des administrateurs français et du gouvernement malgache, le commerce et l'industrie prendront d'année en année une plus grande extension.

ILE KERGUELEN

Perdue au milieu des brouillards glacés des mers australes, l'île de Kerguelen mérite bien de porter son nom de Terre de la Désolation.

Un marin français, Kerguelen, la découvrit en 1772 et Cook la visita en 1776. Elle compte une superficie de 180 milles carrés et elle est entourée d'un nombre considérable d'îlots et de récifs. L'air y est toujours humide et la température moyenne est de 4 degrés. Des tourbières, des prairies où pousse une herbe courte et dure, du bois fossile et du charbon sont avec quelques légumes (choux, raiforts) les seules productions de cette terre maudite. Les oiseaux, les poissons, les phoques et les éléphants de mer sont communs dans les parages, mais cette île se trouvant en dehors de toutes les routes maritimes, la France n'a aucun intérêt à la coloniser.

ASIE

~~~~~~~~~~

Les colonies françaises en Asie sont :

Établissements de l'Inde .   511 kilom. car.   279,066 hab.

INDO-CHINE
FRANÇAISE :

Cochinchine	59,800	1,864,214
Cambodge (protectorat) .	100,000	
Annam (protectorat) . . .	275,300	18,000,000
Tonkin	90,000	
Total	525,600 kilom. car.	20,143,280 hab.

INDE FRANÇAISE

Description géographique. — Les établissements français qui nous ont été laissés dans l'Inde par les traités de 1815 se composent de cinq fractions de territoire, isolées les unes des autres et présentant une surface totale de 50,803 hectares. Ce sont : sur la côte de Coromandel dans le golfe du Bengale, Pondichéry et Karikal ; sur la côte d'Orissa, Yanaon et la loge de Mazulipatam ; au Bengale même, Chandernagor et les loges de Cassimbazar, Jougdia, Dacca, Balassore et Patna ; sur la côte du Malabar, dans la mer d'Oman, Mahé et la loge de la Calicut ; enfin dans le Goudjerate, la loge de Surate.

Pondichéry, chef-lieu de nos établissements, est une jolie ville de 41,858 habitants, à 143 kilomètres de Madras, avec laquelle le relie une voie ferrée, tronçon français du *South Indian Railway*.

Chandernagor, bâtie sur un des bras du Gange, rappelle la grandeur de notre empire colonial des Indes. Elle possède encore des ruines importantes.

La population de nos établissements est évaluée à 282,723 habitants dont 928 européens français.

Les services administratifs de l'Inde française sont centralisés à Pondichéry. Le gouverneur, assisté d'un conseil privé, a sous ses ordres des administrateurs dans les villes de Chandernagor, de Karikal, de Mahé et de Yanaon. En 1848 furent créés par l'Inde française des conseils d'arrondissement et un conseil général; en 1871, un représentant lui fut accordé à la Chambre des députés, en 1875, elle élut un sénateur et un décret de 1880 créa dix communes de plein exercice.

Historique. — Nous ne rappellerons pas les péripéties de cette terrible lutte coloniale entre la France et l'Angleterre qui aboutit à la perte de notre empire des Indes. Les noms de La Bourdonnais, de Dupleix et de son lieutenant Paradis, doivent être conservés avec reconnaissance. Par leur énergie, par leur habileté, après quarante années d'efforts et de victoires, ils avaient assuré à notre domination un empire de 200 lieues de côtes que l'Angleterre finit par arracher à la faiblesse de Louis XV.

Productions. — Les principaux produits sont

l'huile de coco, le riz, l'indigo, le bétel, le tabac, la canne à sucre, les épices, quelques bois précieux. La vente des arachides est centralisée à Pondichéry. L'exploitation des lignites de Bahour à 9 fr. 72 la tonne, au lieu de 45 fr. prix de la houille européenne, donnerait un vif essor à l'industrie du pays qui jusqu'ici consiste en indigoteries, teintureries, huileries et filatures dont la valeur est estimée à 1,375,802 fr. 40.

A cause de l'abondance des travailleurs, les salaires sont peu élevés et Pondichéry est le principal foyer de l'émigration indienne dirigée vers l'Afrique ou l'Amérique. Il y a donc peu de débouchés pour les ouvriers français dans l'Inde française, excepté peut-être pour les mécaniciens qui peuvent gagner de 3 à 6 fr. par jour. Le coût de la vie est d'une extrême modicité, mais les Européens ont à redouter la dysenterie, les fièvres, les hépatites, sans parler des redoutables épidémies, nées des marécages du Gange.

Il y a dans l'Inde française 254 kilomètres de routes. Les communications entre les comptoirs se font par les vapeurs de la *British India Company* et avec l'Europe par les Messageries maritimes.

Le prix du passage de Marseille à Pondichéry est : en 1ʳᵉ classe de 1,500 fr. avec une

franchise de 250 kilos de bagages; en 2e classe
de 1,200 fr. avec une franchise de 150 kilos;
en 3e classe de 600 fr. et en 4e classe, sur le
pont, de 375 fr. avec une franchise de 75 kilos
de bagages. La durée du voyage est de 20 à
22 jours.

INDO-CHINE

Cette vaste presqu'île rectangulaire est divisée en deux parties bien distinctes : l'une très
vaste, formée par les vallées de grands fleuves
coulant du nord au sud, tels que le Mékong, le
Mé-nam et l'Iraouaddy; l'autre très étroite,
resserrée entre la mer de Chine et la grande
chaîne de montagnes qui se détache du plateau
oriental du Thibet pour se terminer au cap de
Saint-Jacques, en Cochinchine. De là, une dif-
férence de races, de productions et de civilisations. Les Birmans, les Thays et les Cambodgiens ont subi l'influence des civilisateurs occi-

dentaux ; les Annamites, au contraire, se sont développés sous l'influence de la Chine. Ces derniers sont militaires, et possèdent une unité et une homogénéité qu'on ne rencontre pas ailleurs.

L'ensemble de la population peut être estimée à 18 millions d'habitants, répartis ainsi : 10 millions dans le Tonkin, 6 millions pour l'Annam, 2 millions pour le Cambodge. Les décrets du 17 octobre 1887 et du 12 avril 1888 ont rattaché le protectorat de l'Annam et du Tonkin au ministère de la marine et des colonies. En même temps a été constituée l'union des quatre pays qui forment l'Indo-Chine française sous l'administration d'un gouverneur général et d'un conseil supérieur composé des résidents supérieurs, du commandant en chef des troupes, de l'amiral commandant la station navale et de quelques chefs de services.

COCHINCHINE

Description géographique. — Bornée au nord-est par le pays des Moïs indépendants ; au nord-ouest par le Cambodge, au sud et à l'est par la mer de Chine et à l'ouest par le golfe de Scain, la Cochinchine peut se diviser en deux bassins : celui du Dong-Naï et celui du Mékong ou Cambodge.

Il faut rattacher à la Cochinchine les îles de Poulo-Condore et de Phu-Quoc sur lesquelles des pénitenciers ont été établis et de nombreuses îles inhabitées. Les côtes sont difficiles à l'embouchure du Mékong, mais du côté de l'Annam et à l'embouchure de la rivière de Saïgon, elles sont d'un abord facile et très saines. En dehors des fleuves, rivières et *arroyos* ou canaux, la colonie possède comme voies de communication neuf routes qui ont une longueur de 939 kilomètres, un tramway allant de Cholon à Saïgon et un chemin de fer reliant Saïgon à Mytho.

La population totale de la Cochinchine française est d'environ 1,700,000 âmes dont 2,000 européens. Le reste se compose d'Annamites, de Chinois et de Moïs sauvages. Le pays est divisé en 21 arrondissements repartis en 4 circonscriptions : Saïgon, Mytho, Vinh-Long, Bassac. Sa superficie totale est de 5,314,000 hectares.

Historique. — La Basse-Cochinchine, qui primitivement faisait partie du royaume Khmer ou Cambodge, fut annexée par l'Annam en 1658.

Nos missionnaires la visitèrent au XVIᵉ siècle et, sous Louis XVI, l'évêque d'Adran, Pigneau de Behaine, vint demander les secours de la France en faveur du roi de Cochinchine, Già-Long, qui en retour lui cédait la baie et la péninsule de Tourane.

Sous le règne de Tu-Duc, les persécutions contre les missionnaires obligèrent la France à une expédition (1858). Saïgon fut pris par l'amiral Rigault de Genouilly et c'est seulement en 1861 que les hostilités purent être reprises avec vigueur par l'amiral Charner et ensuite par l'amiral Bonard.

Un traité de paix nous donna quatre places et changea l'occupation en protectorat. Peu s'en fallut même qu'on n'abandonnât la colonie naissante. Les insurrections fomentées par la Cour de Hué amenèrent la conquête des provinces de Vinh-Long, Sadec et Hatien; mais c'est à l'amiral de La Grandière que revint l'honneur d'organiser notre conquête.

. M. Le Myre de Vilers en fut le premier gouverneur civil (1879). Un conseil colonial de six membres, un secrétariat général, un administrateur à la tête de chaque arrondissement et assisté d'un conseil composent les rouages administratifs de la colonie qui est représentée au Parlement par un député.

Villes principales. — *Saïgon*, capitale de l'Indo-Chine, est une des plus belles cités de l'Extrême-Orient. Sa cathédrale, qui a coûté deux millions et demi, le palais du gouverneur (12 millions), l'arsenal, le jardin des plantes, deux collèges, de beaux parcs en font une ville toute moderne. Sa population, en comprenant toute la banlieue, s'élève à 100,000 habitants.

Cholon, à 5 kilomètres de Saïgon, a été rebâtie depuis la conquête. Cette ville est un des plus grands marchés de riz de l'Indo-Chine.

Go-Cong, Tay-Ninh, Mytho, Vinh-Long, Bien-Hoa, Chaudoc, Hatien.

Un régiment de tirailleurs annamites (2,792 hommes) a été organisé pour la défense du territoire, concurremment avec les troupes françaises dont l'effectif est de 5,663 hommes.

Renseignements commerciaux. — La température moyenne de la Cochinchine est de 26°.

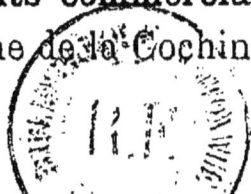

Cependant le thermomètre descend parfois jusqu'à 16° et s'élève jusqu'à 36°. Le climat chaud
et humide nécessite une alimentation et une
hygiène spéciales pour éviter les insolations,
les fièvres et la dysenterie.

La Cochinchine est le grand grenier à riz de
l'Indo-Chine ; sur 950,000 hectares cultivés, on
en compte 763,000 plantés en riz. Elle exporte
environ 540 millions de kilos de riz par an et
depuis notre établissement il n'y a jamais eu
qu'une mauvaise année.

La culture des arbres fruitiers qui couvre
80,000 hectares (arèquiers, cocotiers, bananiers,
orangers, ananas, manguiers, etc.) occupe la
seconde place dans les occupations de cette population essentiellement agricole. Viennent
ensuite la canne à sucre (16,000 hectares), les arachides (9,000 hectares), le tabac (3,500 hectares),
le bétel (8,000 hectares). Puis le poivre, le coton,
l'indigo, le cacao, le café, la vanille, etc. dont
la culture a été tentée avec succès. La culture
maraîchère européenne a fait de grands progrès
surtout aux environs de Saïgon. Les forêts
abondent en bois de construction et de teinture ;
mais jusqu'ici elles ont été peu exploitées.

En Cochinchine, la population est moins
dense que dans les pays voisins ; elle est éco-
nome et laborieuse et le sol fertile récompense

largement son travail. En dehors de la fabrication d'étoffes de soie grossières, son industrie est encore presque nulle ; aussi l'indigène achète-t-il volontiers les produits d'Europe et surtout le café, le vin et conserves alimentaires.

Les importations sont évaluées à 40 millions environ et les exportations à plus de 60 millions. Le champ de l'immigration européenne est fort limité, à cause de la concurrence chinoise qui s'est emparée de la petite industrie.

La manœuvre indigène est payée à Saïgon, 20 à 3 cents centièmes de piastre *) par journée de dix heures ; le forgeron, le maçon, le charpentier, 60 à 80 cents ; le tourneur et le mécanicien, de 80 cents à 1 piastre 25 cents.

L'ouvrier européen ne peut que diriger ou instruire l'annamite. Un bon contre-maître peut gagner de 75 à 125 piastres par mois. Il ne se nourrit pas à moins de 25 à 30 piastres par mois ; infériorité considérable vis à vis de l'annamite, et son logement lui coûte de 10 à 12 piastres par mois. La Cochinchine a des communications hebdomadaires avec la France par les Messageries maritimes. Le passage de Marseille à Saïgon coûte 1625 fr. en 1re classe ; 1040 fr. en 2e classe et 600 fr. en 3e classe. Saïgon

(*) Le taux de la piastre varie entre 4 fr. 20 et 3 fr. 85.

correspond avec le Cambodge au moyen des bateaux des Messageries fluviales de Cochinchine deux fois par semaine ; avec Siam une
fois par semaine, pendant la saison des hautes
eaux.

CAMBODGE

Description géographique. — Entre le royaume de Siam indépendant, au nord ; le royaume
d'Annam, placé sous notre protectorat à l'est ;
la Cochinchine, colonie française au sud, et par
le golfe de Siam à l'ouest, s'étend le royaume du
Cambodge d'une superficie d'environ 120,000
kilomètres carrés, c'est-à-dire la cinquième
partie de la superficie de la France.

Il est traversé par le Mékong ou Cambodge
qui prend sa source dans les montagnes du
Thibet et est navigable jusqu'à la frontière de
Siam.

On rencontre sur le territoire des lacs très
poissonneux dont l'un a une superficie de 1400

kilomètres carrés et possède sur ses bords
les ruines d'Angkor, célèbres spécimens de l'art
Khmer.

Jusqu'ici le pays manque de canaux et de
routes ; il est montagneux dans certaines de
ses parties, mais les sommets les plus élevés
ne dépassent pas 1,500 mètres.

Productions. — Placé dans la zone torride,
le Cambodge jouit cependant d'un climat supportable et la température y varie entre 15 et 40
degrés. La saison pluvieuse est la moins salubre,
à cause de la chaleur humide ; il faut craindre
la dysenterie, les fièvres et l'anémie qu'on peut
éviter à l'aide d'une bonne hygiène.

La culture du riz est la principale occupation
de la population. Le maïs, les cultures vivrières,
les fruits des tropiques, le coton, la canne à
sucre, le caféier, la cannelle, le poivrier, le
bétel, le tabac, le mûrier, etc. sont susceptibles
de prendre beaucoup d'extension. Les forêts
sont peu exploitées, faute de chemins. Comme
minéraux, il n'y a guère que le fer et la
chaux.

L'éléphant se trouve à l'état sauvage dans
les forêts du Cambodge. Le cheval, le buffle, le
bœuf à bosse, le cochon, le chien se multiplient
à l'état domestique et, parmi les animaux sauvages, il faut citer le tigre, le rhinocéros, le

buffle sauvage, le cerf et des oiseaux innombrables et de magnifique plumage.

Les insectes pullulent et le plus terrible de tous est le moustique. Les serpents sont nombreux et dangereux; les crocodiles sont abondants.

Historique. — Le Cambodge a été la Terre-Sainte de la civilisation bouddhique. A une époque reculée, il centralisa le commerce de la Chine et établit des relations entre l'Europe et l'Extrême-Orient. Les missionnaires portugais y apparurent en 1590; puis les Hollandais et les Anglais s'y installèrent successivement. Les Siamois, sous la conduite d'un Français nommé Bodin qui avait organisé leur armée, envahirent le Cambodge et peu s'en fallut qu'ils ne s'en emparassent; l'intervention de l'Annam sauva le Cambodge de leurs mains ; mais, de cette époque, date la lutte entre l'Annam et le Cambodge qui amena le protectorat de la France. Les négociations furent longues et laborieuses et c'est seulement en 1884 que, par un traité passé entre M. Thomson, gouverneur de la Cochinchine, et le roi Norodom, notre protectorat fut formellement reconnu et déterminé. Le roi est devenu une sorte de monarque constitutionnel; le pays a été divisé en 8 provinces, gouvernées chacune par un résident français

chargé de la direction politique et administra-
tive. L'omnipotence des mandarins et des
bonzes qui était la plaie du Cambodge se trouve
ainsi bien diminuée.

La population est évaluée à 1,800,000 âmes
environ et composée d'indigènes appartenant
aux races Kmer, Samré et Koui, de Chinois,
de Malais et d'Annamites.

La famille royale forme une partie de la population de la capitale.

Le Cambodgien est doux, paisible, honnête,
sobre et laborieux. Les guerres civiles qui dé-
solaient le pays, occasionnées le plus souvent
par une misère constante, ont fait place à une
tranquillité que le peuple ne connaissait plus et
qui rendra peu à peu au pays son antique
prospérité.

Villes principales. — *Pnom Penh*, capitale
du Cambodge, a l'aspect d'une ville chinoise,
grandiose de loin, sale et empestée de près. Le
voisinage du fleuve entretient une température
supportable et renouvelle l'air. Pnom-Penh
est un lieu de transit, un entrepôt sur la route
de Saïgon. Son industrie est presque nulle et
elle ne renferme aucun monument digne d'être
cité.

Kampot est le seul port de mer du royaume
et acquerrait une grande importance si l'isthme

de Kra venait à être percé. Les ruines d'Angkor, qui dépassent en étendue celles de Karnak et de Balbec, sont certainement les principales curiosités du pays.

Renseignements commerciaux. — On peut évaluer le trafic du Cambodge à 10 ou 12 millions, parmi lesquels le poisson salé entre pour 3 millions. Le coton égrené, les haricots, le cardanome, le sucre de palmier, la colle de poisson, les matelas cambodgiens en coton, les nattes sont les principaux produits d'exportation. Les essences précieuses, les bois de construction, la soie, les gommes et les poivres pourraient faire l'objet d'un commerce important. L'importation comprend le sel, les vins, l'opium, le thé et les articles de Paris. Le Cambodge est en relations avec la Cochinchine par un service de bateaux à vapeur qui mettent 36 heures pour aller de Saïgon à Pnom-Penh.

ANNAM

Description géographique. — Borné au nord par le Tonkin; à l'est, par la mer de Chine; au sud, par la Cochinchine; à l'ouest, par les territoires cambodgiens et laotiens, l'empire d'Annam s'étend le long de la côte orientale de la presqu'île indo-chinoise en une longue bande de terre étroite de 150 kilomètres environ et d'une longueur de 1,200 kilomètres. Les côtes sont très découpées et présentent un grand nombre de baies et d'îles, Une longue chaîne de montagnes parcourt le pays du nord au sud en donnant naissance à un grand nombre de rivières.

Une seule route qui suit le littoral relie la capitale, Hué, à la Cochinchine et d'un autre côté à Lang-Son et à la Chine. Une voie fluviale relie aussi l'Annam au Tonkin par une série de canaux faisant communiquer les fleuves du nord. L'empire est divisé en douze provinces subdivisées en arrondissements, cantons et communes.

Productions. — Le climat de l'Annam se divise en saison sèche et saison humide. La température varie entre 19 et 32 degrés. Le passage de la saison sèche à la saison humide est souvent dangereux pour l'Européen, car il provoque des accidents diarrhéiques plus graves en Annam que dans les autres contrées de l'Indo-Chine.

Le sol est presque entièrement couvert de montagnes; les vallées très fertiles sont seules cultivées. A défaut du riz qui vient en grande partie de l'étranger, les Annamites cultivent la cannelle, avec laquelle on fabrique des bâtonnets odorants très usités en Chine; le coton, qui sera la richesse du pays; la canne à sucre; les arachides; le thé; le tabac; l'igname; le sésame; l'aréquier; le mûrier et un grand nombre d'arbres fruitiers (goyaves, letchis, mangues, bananes, oranges). Des essais de plantation de café ont été tentés par les missionnaires et ont donné de bons résultats dans les terrains élevés. Les forêts sont encore peu exploitées, quoiqu'elles soient riches en essences précieuses. Il existe de bons pâturages dans le Binh-Dinh et le Phu-Yen et l'élevage des bœufs et des chevaux de petite taille s'y fait avec succès. On pourrait aussi élever des moutons sans grands frais. Le gibier de plume et de poil est fort abondant dans les forêts et l'industrie des peaux de fauves et des plumes peut être entreprise par les immigrants aventureux. Des gisements de charbon, de cuivre, d'argent et même d'or ont été reconnus, mais ne sont pas exploités.

Les côtes de l'Annam produisent en grande quantité les nids d'hirondelles, appréciés des gourmets chinois et qui valent jusqu'à 48 fr. les 100 grammes. Les soies de l'Annam sont souples et fort appréciées ; aussi l'industrie de la soie produit-elle environ 700,000 fr. par an et prend de plus en plus d'extension.

Villes principales. — *Hué*, capitale du royaume, située sur la rive gauche de la rivière, à quelques milles de la mer, ne possède guère que sa citadelle qui date du XVIIIᵉ siècle. Quelques pagodes, la concession française du Maug-Ka entourée de beaux ombrages et sur laquelle seront installés les services du protectorat, le palais royal un peu triste et les tombeaux des rois d'Annam sont les seules curiosités de la ville.

Thuan-An, à l'entrée de la rivière, a besoin de quelques travaux d'art pour être praticable aux bateaux calant plus de 3 mètres.

Tourane, ancienne cité construite dans le fond d'une immense baie, possède le principal port de l'Annam.

A citer encore *Fai-Foo, Qui-Nhon, Binh-Dinh, Dong-Hoi*, points militaires importants pour maintenir lès populations remuantes et belliqueuses, surtout dans la région du nord.

Histoire. — Le peuple annamite, sans doute d'origine chinoise, fut longtemps en proie à des divisions et à des guerres civiles. Vers 1775, l'évêque d'Adran, Pigneau de Béhaigne, proposa à Nguyen-Anh, roi dépossédé, l'appui de la France contre les rebelles en échange de la cession de Tourane, maître du pays, du golfe de Siam aux frontières de Chine. Nguyen-Anh se fit couronner empereur sous le nom de Gia-Long et réorganisa le pays. Ses successeurs furent hostiles aux Européens ; en 1847, Tourane fut bombardée par le commandant Lapierre et dix ans plus tard par l'amiral Rigault de Genouilly. La conquête de la Cochinchine, alors province de l'Annam, fut la première conséquence de la mauvaise foi de la cour de Hué et des pirateries des Pavillons-Noirs qu'elle encourageait secrètement. Puis, par le traité du 6 juin 1884, notre protectorat fut définitivement établi en Annam, comme il était établi au Tonkin. Quelques mandarins essayèrent de soulever les populations contre les Français ; la prise de la citadelle de Hué par le général de Courcy et le couronnement du jeune prince Bun-Lan, proclamé sous le nom de Than-Thaï, amena peu à peu la pacification du pays.

L'Annam a conservé son administration inté-
rieure, avec ses gouverneurs de provinces, ses
mandarins, ses préfets et sous-préfets pour les
arrondissements, ses conseils de notables dans
chaque commune. Le protectorat français s'occupe des relations extérieures, des douanes et
de la police des ports. Le résident français à
Hué reçoit les instructions du gouverneur de
l'Indo-Chine.

Renseignements commerciaux. — Pendant
l'année 1887, l'exportation des ports de Fai-Foo,
Quang-Ngai, Tourane et Qui-Nhon a été évaluée à près de 4 millions de francs. Le mouvement de cabotage entre les ports de l'Annam et
du Tonkin a atteint 6 à 7 millions. Il y a peu de
commerce par la voie de terre à cause du manque de routes. Le commerce d'importation peut
être évalué à 7 millions et demi et les principaux
articles importés sont : le riz, les cotons filés
anglais, le papier, le thé, le tabac et l'opium
qui viennent de Chine, les allumettes qui sont
de provenance japonaise.

La France et la Cochinchine expédient environ 1 million et demi de marchandises en Annam
et ce chiffre s'élèvera quand nos fabricants de
tissus adopteront les dimensions et les couleurs
en usage dans le pays.

TONKIN

~~~~~~~

Description géographique. — Borné au nord et au nord-est par la Chine ; à l'ouest par le Laos ; au sud et au sud-est par l'Annam et la mer de Chine, le Tonkin présente une partie montagneuse au nord et à l'est et une autre partie plate et basse — le Delta — qui confine à la mer. Ses côtes, dont l'étendue est de 400 kilomètres, sont basses, marécageuses et offrent des baies (Along), des îles nombreuses (Kebao-gisements houillers) et d'abondantes pêcheries.

Deux grands fleuves l'arrosent : le Thaï-Binh et le fleuve Rouge ou Song-Coï. Ce dernier, qui sort du Yun-Nantes, navigable sur tout son parcours pour les jonques. La région montagneuse comprend six provinces : Lang-Son, Cao-Bang, Tuyen-Quan, Thaï-Nguyen, Hung-Hoa et une partie de Ninh-Binh et de Son-Tay ; et la région du Delta en compte sept : Haï-Duong, Hanoï, Bac-Ninh, Son-Tay, Nam-Dinh, Hung-Yen et une partie de Ninh-Binh. Les fleuves, les rivières et les canaux constituent les meilleures voies de communications dans le Delta et un service régulier est assuré par les Messageries fluviales ; cependant il existe une route royale de Ninh-Binh à Hanoï et à Lang-Son.

Productions. — Le riz est la principale culture du Delta ; on y rencontre cependant des plantations de maïs, de mûriers et de ricin.

Les montagnes sont couvertes de forêts. La population, homogène et laborieuse, d'origine chinoise, est plus agricole qu'industrieuse. Les incrustations de nacre de Nam-Dinh, les bronzes, les broderies dénotent par leur exécution du goût et de la finesse ; mais son ingéniosité apparaît surtout dans l'aménagement des rizières judicieusement arrosées et entourées de bambous. Cependant, il faut l'avouer, la production du riz ne suffit pas aux besoins des habitants, par suite de l'inconstance des saisons. Les Annamites, généralement petits et grêles, sont nerveux, résistants à la fatigue et dociles. Après la culture du riz, leur premier soin, ils s'occupent de l'élevage des volailles, des porcs et des bœufs, mais surtout pour l'agriculture. L'opium est consommé dans la classe riche, l'usage du tabac et du bétel est universellement répandu.

Villes principales. — *Hanoï*, capitale du Tonkin, est une grande cité d'environ 150,000 habitants, sur la rive droite du fleuve Rouge et au centre du Delta. Elle a pris une grande extension depuis le protectorat. — *Hung-Yen* où se fabriquent des éventails en plumes. — *Son-Tay*, ancienne ville des Pavillons-Noirs, au sommet du Delta.

Historique. — Avant de faire partie de l'empire d'Annam, il y a un siècle environ, le Tonkin était indépendant sous la dynastie des Lô. Les Européens commencèrent à le visiter au XVIe siècle et les Hollandais tentèrent d'y installer des comptoirs vers 1637.

En 1873, la France eut à intervenir au Tonkin, au sujet d'un conflit survenu entre le gouvernement annamite et un de nos compatriotes, Jean Dupuis, dont le nom est inséparable de celui du Tonkin. La prise de la citadelle d'Hanoï par Francis Garnier fut le point de départ de la conquête française. L'insurrection des Pavillons-Noirs, encouragée secrètement par le gouvernement annamite et la Chine, la mort de Francis Garnier et celle du commandant Rivière nécessitèrent une répression énergique. Malheureusement, les rivalités des partis politiques en France empêchèrent le Gouvernement de mener l'expédition avec vigueur, mais les talents de l'amiral Courbet, des généraux Brière-de-l'Isle et Négrier, l'héroïsme du commandant Dominé triomphèrent des difficultés d'une guerre lointaine engagée avec des effectifs insuffisants.

La citadelle de Hué fut prise et un neveu de Tu-Duc, Dong-Khanh, fut installé sur le trône par le général de Courcy. Au commencement de 1886, la pacification était assez complète pour substituer le régime civil au gouvernement militaire, et le regretté Paul Bert eut l'honneur de préparer la régénération du Tonkin et de fonder solidement notre protectorat.

Renseignements commerciaux. — Le Tonkin a été ouvert au commerce français par le traité de 1874, mais ce commerce n'a pris du développement qu'à partir de 1884 et à cette époque 130 navires étaient entrés à Haïphong ; l'exportation s'élevait à 4 millions et demi, l'importation à 7 millions et les droits perçus sur les marchandises atteignaient 800,000 fr. Depuis, les chiffres ont doublé, quoiqu'il n'y ait pas plus de 2,000 Français installés dans ce pays. C'est que le Tonkin a une valeur intrinsèque considérable. Le Haut-Tonkin favorable aux cultures de café, cannelle, arachide, blé, céréales, etc. offre aux Européens par son altitude de bonnes conditions d'acclimatement. De plus, le Tonkin possède dans le Thaï-Binh, le Song-Coï ou fleuve Rouge des routes commerciales naturelles qui conduisent à la frontière de Chine et surtout au Yunnan, province agricole fort riche. On importe au

Tonkin des allumettes, des conserves, de la bimbeloterie, des cotons filés, des cotonnades, de la porcelaine, articles provenant malheureusement pour la plupart de fabriques anglaises ou allemandes.

Les immigrants doivent être persuadés avant tout que le Tonkin est un pays très peuplé et peuplé de gens industrieux et travailleurs qui se contentent de 40 à 75 centimes par jour sans être nourris. Seuls, de gros capitalistes et des artisans exerçant des professions encore peu connues des indigènes, comme mécaniciens, horlogers, fondeurs, ont des chances de réussir.

Le climat est chaud et humide, ce qui rend l'acclimatement difficile. La température varie entre 10 et 38 degrés. Avec une bonne hygiène on peut cependant éviter l'anémie et la dysenterie.

L'époque la plus favorable pour entreprendre le voyage au Tonkin est la fin d'octobre qui permet d'arriver à la fin de l'hiver.

Les bateaux des Messageries maritimes qui partent de Marseille toutes les quinzaines, le dimanche, mettent Saïgon à 28 jours de France.

De Saïgon, une ligne annexe se dirige vers Haï-Phong.

Le prix du passage est de 1,859 fr. en première classe; de 1,217 fr. en seconde; et de 777 fr. en troisième classe.

AMÉRIQUE

Les colonies françaises en Amérique sont :

Saint-Pierre & Miquelon .	235 kilom. car.	5,929 hab.
Guadaloupe & dépendances	1,780	188,188
Martinique	988	177,078
Guyane française	121,413	25,796
Total	124,416 kilom. car.	396,991 hab.

SAINT-PIERRE & MIQUELON

~~~~~~~~~~~~~~~

Description géographique. — A quelques lieues de la côte méridionale de Terre-Neuve, sont situées, dans l'Océan Atlantique, les îles Saint-Pierre et Miquelon, présentant une superficie de 21,023 hectares ; c'est tout ce qui reste à la France de son vaste empire du Canada.

Presque exclusivement formé par des porphyres pétrosiliceux, le sol de ces deux îles ne se prête pas aux exploitations agricoles : on y rencontre des marécages et des tourbières. Seule, la petite Miquelon possède des pâturages, des bois et des fermes. Le climat est rigoureux : la neige couvre la terre de novembre en avril et les meilleurs mois de l'année sont août et septembre. La population évaluée à 5,564 habitants se répartit sur Saint-Pierre, l'île aux Chiens et Miquelon-Langlade.

La ville de Saint-Pierre, qui possède une bonne rade, est une petite ville agréable, qui présente un curieux spectacle à l'arrivée des bateaux français qui viennent pour la pêche du printemps.

Historique. — Les Basques disputent aux Danois l'honneur d'avoir les premiers abordé à Terre-Neuve ; mais ce n'est qu'au commencement du XVIIe siècle que la pêche de la morue y attira des habitants.

Le traité d'Utrecht en 1713 céda à la France Saint-Pierre et Miquelon pour servir d'asile aux pêcheurs français de l'Acadie. Bientôt après le chiffre des habitants de ces îles dépassait un millier et les produits de la pêche donnaient en moyenne 60,000 quintaux de morue. Puis, en 1778 et 1793 et en 1804, les Anglais s'en emparèrent et ne les restituèrent définitivement qu'en 1814. Les pêcheries françaises se relevèrent ; mais les points obscurs de la convention de 1857 relatifs au droit de pêche sur la Grande-Terre, du cap Saint-Jean au cap Rouge, occasionnent souvent des contestations et des rixes entre les pêcheurs français et anglais.

Un gouverneur, assisté de trois chefs de service et d'un conseil privé, administre ces îles. De plus, elles ont un conseil général élu de treize membres, et un délégué au conseil supérieur des colonies qui sera prochainement transformé en député, car Saint-Pierre-Miquelon a environ le même nombre d'électeurs que la Cochinchine.

Productions. — De nombreux oiseaux de mer, des lapins, des sapins, des bouleaux et quelques

légumes constituent la flore et la faune de ces
îles dont l'existence est liée à la pêche à la morue. Du 1er avril au 1er octobre, les ports de
Saint-Malo, Grandville, Dieppe, Fécamp,
Bayonne arment pour la pêche sur le banc de
Terre-Neuve. Chaque port a sa station assi-
gnée. Les exportations de morue ont été en
1887 de 13,439,532 fr. et on estime que le lot de
chaque matelot est de 800 à 1,400 fr. Les ouvriers
forgerons, charpentiers, calfats sont très bien
rémunérés. En dehors de la pêche, on peut citer
comme industrie, l'extraction de la tourbe et la
construction des navires.

Saint-Pierre-Miquelon est en rapport pério-
dique avec l'Europe par les paquebots de la
Compagnie générale transatlantique qui font le
service de New-York et par les paquebots anglais de Liverpool. Le passage revient environ
à 700 fr.; mais, par bateaux à voiles, le prix
descend à 200 fr. Le câble télégraphique de Paris
à New-York passe par Saint-Pierre.

LA GUADELOUPE & SES DÉPENDANCES

Description géographique. — A 100 kilomètres de la Martinique, la Guadeloupe, divisée en deux parties par un petit bras de mer, la rivière Salée, est d'origine volcanique et présente deux aspects différents. La *Guadeloupe proprement dite* est couverte de forêts et de montagnes ; la *Grande-Terre*, au contraire, est un pays plat.

La Guadeloupe proprement dite, d'une superficie de 94,600 hectares, possède des montagnes atteignant 1458 mètres ; comme la Soufrière et le morne de la Madeleine (1050 mètres). Elles donnent naissance à 70 rivières.

La Grande-Terre, d'une superficie de 65,631 hectares, se compose de terrains calcaires, sans autres reliefs que quelques petits mamelons.

Autour de notre colonie, on remarque une grande quantité d'ilots — les Ilots — recouverts de verdure et habités par des pêcheurs.

A 27 kilomètres au sud de la Grande-Terre se trouve l'île de *Marie-Galante*, d'une superficie de 14,927 hectares ; les *Saintes* comprenant deux îles principales, deux petites îles et

quatre îlots, d'une superficie de 1,422 hectares ;
la *Petite-Terre*, d'une contenance de 343 hectares ; la *Désirade*, d'une superficie de 2,720
hectares ; *Saint-Barthélémy*, rétrocédée par la
Suède en 1878, d'une superficie de 2,114 hectares, et *Saint-Martin*, dont une partie appartient
à la Hollande et dont la partie française a 5,177
hectares de superficie.

Productions. — En dehors de l'agouti et du
rat, on ne trouve à la Guadeloupe que des animaux domestiques. Les chevaux sont particulièrement renommés, surtout ceux qui pro-
viennent de Marie-Galante. Contrairement à
la Martinique, on n'y rencontre pas de serpents
mais des scorpions, des mille-pattes et des insectes nombreux. La flore est la même que
celle de la Martinique ; les forêts couvrent une
superficie de 36,000 hectares ; le bois de construction, de teinture, les arbres fruitiers sont
très variés.

Villes. — Les voies de communication de la
Guadeloupe et ses dépendances ont une longueur de 970 kilomètres environ. La population s'élève à 182,182 habitants. La colonie est
divisée en 3 arrondissements, 11 cantons, 34
communes.

La Pointe-à-Pitre, ville très commerçante et
pourvue d'un très beau port, est appelée à pren-

dre une très grande importance par suite du percement de l'isthme de Panama.

La Basse-Terre est le chef-lieu administratif, mais son commerce est restreint. Étagées sur des collines et encadrées par les arbres, ses habitations sont d'un effet très pittoresque.

Historique. — En octobre 1493, Christophe Colomb découvrit la Dominique, Marie-Galante, la Guadeloupe et les Saintes.

L'établissement des Français date de 1523; puis Denambue, L'Olive et Duplessis s'occupèrent les premiers de colonisation.

Comme la Martinique, la Guadeloupe subit le contre-coup de la longue lutte entre la France et l'Angleterre jusqu'en 1816, époque où elle redevint définitivement française. Ravagée par des cyclones, à demi-ruinée par l'abolition de l'esclavage, elle ne se releva que vers 1858, grâce à l'immigration des Indiens, des Chinois et des Africains. A présent, elle est administrée par un gouverneur, assisté d'un conseil privé et de chefs de service. Elle possède un conseil général élu, deux députés, un sénateur.

Elle est la patrie du général Dugommier, de Gobert, d'Armand Barbès.

Climatologie et renseignements commerciaux. — La température de la Guadeloupe varie entre 21 et 37 degrés. Les pluies commencent en juin pour ne finir parfois qu'en octobre. Il en résulte une chaleur humide, tempérée par des brises, mais qui rend difficile l'acclimatement des Européens. La fièvre paludéenne, la dysenterie et parfois l'hépatite et la fièvre jaune sont à redouter.

Les principales cultures sont : la canne à sucre qui couvre 23,124 hectares et produisait, en 1886, 58,075,427 kilos de sucre ; 5,316,085 kilos de sirops et mélasses et 2,890,341 kilos de tafia ; le café qui couvre 3,579 hectares et produit environ 683,187 kilos ; le cacao, longtemps négligé, mais qui peut donner des résultats très rémunérateurs ; la vanille, le manioc, les épices, l'ananas qui commence à s'exporter et quelques cultures vivrières qui seraient susceptibles de prendre de l'extension. A citer encore l'exploitation des bois d'ébénisterie, de teinture et de construction qui est négligée et qui demande l'installation de quelques scieries mécaniques. La gomme, le caoutchouc, le gutta-percha, le tabac, le coton, le rocou pour la teinture et la ramie ne sont pas suffisamment cultivés, malgré les avantages que ces produits pourraient offrir. Il y a encore dans l'île 40,000 hectares à livrer à la culture ; mais les travailleurs sont rares, car le créole ne gagne que de 0 fr. 75 à 1 fr. 25 par jour et l'immigration indienne a été récemment suspendue.

Le mouvement commercial de la colonie s'élevait en 1886 à 33,807,421 fr. et dans cette somme les marchandises françaises entrent pour 9 millions environ. La Guadeloupe communique avec la France au moyen des paquebots de la Compagnie générale transatlantique qui partent de Saint-Nazaire le 10 de chaque mois et de Bordeaux le 26 de chaque mois. La durée de la traversée est de 12 jours. Elle coûte 900 fr. en 1re classe, 800 fr. en 2e classe, 750 fr. en 3e classe, 300 fr. en 4e classe. Les communications télégraphiques avec la métropole se font au moyen de la *West India and Panama Télégraphe Company.*

LA MARTINIQUE

Description géographique. — Située dans l'Océan Atlantique, au milieu du groupe des

Antilles, entre l'île de la Dominique et Sainte-Lucie, la Martinique présente une superficie de 98,782 hectares, dont les deux tiers en montagnes, d'origine volcanique, couvertes jusqu'à leur sommet de la végétation luxuriante des tropiques. Ces montagnes qui atteignent 1350 mètres (montagne Pelée) et 1207 mètres (piton du Carbet) donnent de loin à la Martinique l'apparence d'une corbeille de verdure. Soixante-quinze rivières transformées en torrents pendant la saison des pluies, arrosent l'île et y dispensent la fertilité. Trente et une routes coloniales, présentant une longueur totale de 500 kilomètres environ, forment deux réseaux distincts ayant pour centre Saint-Pierre et Fort-de-France.

Productions. — Le climat de l'île, chaud et humide, favorise la végétation. Aussi la flore est-elle très variée ; elle ressemble à la flore des contrées de l'Amérique du Sud placées sous la même latitude. Sur les hauteurs, on rencontre des plantes d'Europe. La faune est moins riche : quelques sauriens, des serpents nombreux et dangereux, des tortues de mer, des rats et des oiseaux.

Historique. — Découverte par Christophe Colomb en 1502, la Martinique était alors habitée par les Caraïbes, de la famille des Galibis de l'Amérique du Sud. Des marins dieppois s'y installèrent en 1626 et elle fut acquise par la Compagnie des Indes Occidentales.

L'île suivit le sort de nos armes depuis 1666 jusqu'à 1815, pendant la lutte entre la France et l'Angleterre. La Révolution avait fait des colonies des parties intégrantes de la France ; la Martinique eut un représentant au sein de l'Assemblée Nationale. Mais sa constitution fut plusieurs fois modifiée et ce n'est que depuis 1870 que sa représentation lui fut rendue. Elle a aujourd'hui un sénateur et deux députés. Son administration se compose d'un gouverneur, assisté des chefs des différents services. Un conseil général, composé de 36 membres, vote le budget de la colonie. Le territoire est divisé en 25 communes, formant 9 cantons et deux arrondissements.

Villes principales. — *Fort-de-France*, chef-lieu de la colonie, est une jolie ville de 15,000 habitants, construite presque entièrement en bois depuis le tremblement de terre de 1839. Son port spacieux est un point d'escale pour les bateaux du *Royal-Mail* et une tête de ligne pour ceux de la Compagnie Transatlantique.

Saint-Pierre, ville commerçante, comptant 20,000 habitants, a peu de maisons en bois. Elle ne possède qu'une rade foraine. Le mouvement commercial est estimé à 54,122,902 fr.

et dans cette somme le commerce français entre
pour 12 millions environ de marchandises im-
portées.

La Martinique produit la canne à sucre
(25,795 hectares) et l'industrie sucrière, qui
compte 17 usines et 510 exploitations sucrières,
produit pour 25 millions de sucre par an, malgré la crise sucrière.

Le cacao, le coton, le tabac et le café, dont la
production est devenue insuffisante même pour
la consommation locale, sont avec les cultures
vivrières, les autres productions de la colonie.
A côté de la fabrication du sucre, il faut placer
la fabrication du rhum et du tafia qui est d'un
très bon rapport. Les bois de construction et
d'ébénisterie ne sont pas exploités, par suite de
la difficulté des transports. Il existe dans l'intérieur de l'île de grandes étendues de terrains
susceptibles d'être concédés. De plus la Martinique est tributaire de Porto-Rico et du Véné-
zuela pour le bétail qui s'élèverait parfaitement
dans les savanes. Le nombre des travailleurs
employés à la culture était, en 1883, de 70,102
dont 20,403 immigrants composés d'Indiens, de
Chinois et de nègres du Brésil.

L'ouvrier d'usine gagne 0 fr. 20 à 0 fr. 25 par
heure de travail effectif.

L'Européen, en quête de travail, ne peut

remplacer l'indigène pour la culture des champs
ni même dans les petites industries, à cause
de la modicité des salaires et du prix relativement élevé de l'alimentation et du logement.
Seuls les agriculteurs possesseurs d'un petit
capital pourraient s'occuper avec profit de la
culture du café, du cacao, de la vanille, etc. mais
ils auront à craindre l'anémie, l'influence paludéenne, la dysenterie et même la fièvre jaune.

La Martinique est reliée à la métropole par
des services réguliers de paquebots transat-
lantiques partant une fois par mois de Saint-
Nazaire (le 10), de Bordeaux (le 26), de Marseille (le 1er). Le prix est de 900 fr. en première;
à 800 fr. en seconde; à 750 fr. en 3e; à 300 fr.
en 4e classe.

GUYANE

Description géographique. — La Guyane
française, qui s'étendait jadis de l'Orénoque à

l'Amazone, sur une superficie de 82,000 lieues carrées, ne mesure plus aujourd'hui que 150,000 kilomètres carrés. Elle présente l'aspect d'une grande forêt s'étageant par gradins successifs de la côte aux montagnes centrales. Ses rivières, de navigation difficile, sont tributaires de l'Amazone.

Productions. — La Guyane était autrefois riche en culture de maïs, manioc, riz, cocotiers, thé, girofle, caoutchouc, vanille, roucou, indigo, coton, ramie, café, cacao, tabac, canne à sucre.

La production annuelle ne dépasse pas 500,000 fr. par an.

L'élevage du bétail est fort négligé.

Les vastes forêts ont quelques jaguars, un grand nombre de serpents et d'insectes ; les rivières sont riches en poissons. Quoique le fer, la houille, le plomb, le cuivre se trouvent dans la colonie, il n'y a guère que l'or qui soit exploité. Depuis 1856, la production de l'or est évaluée à 65 millions de francs.

Le commerce total atteint à peine dix millions de francs et la population est évaluée à 20,000 habitants environ, dont 2,000 blancs environ. Le reste est composé d'Indiens, de Chinois et de nègres.

Historique. — Découverte en 1500 par Vincent Pinçon, la Guyane fut visitée tout d'abord par des aventuriers à la recherche de l'El-Dorado. Après les Français qui tentèrent la colonisation du Sinnamary, vinrent les Anglais, puis les Hollandais. Dans le néfaste traité d'Utrecht (1715) qui divisa la Guyane, une confusion grave entre les noms de Vincent Pinçon et d'Oyapoc donnés à une rivière amena sur la frontière sud de la Guyane des contestations qui existent encore. Les traités de 1815 la fixèrent *provisoirement* à l'Oyapoc du cap Orange, sous condition d'une délimitation ultérieure. Depuis lors, le territoire limité par l'Oyapoc, l'Amazone, le Rio-Branco et l'Océan Atlantique, d'une superficie de 450,000 kilomètres carrés, est toujours considéré comme « territoire contesté » entre la France et le Brésil. Cependant les capitaines de fleuves et les principaux chefs reconnaissent la souveraineté de la France. C'est cette contestation qui a donné lieu à la récente tentative d'une république à Counani. Ce territoire possède de vastes savanes propres à l'élevage et les mêmes productions que la Guyane. Ses centres principaux sont : Counani, Cachépour, Mopa, et sa population est évaluée à 10,000 individus.

L'abolition subite de l'esclavage en 1795, puis en 1848, causa la ruine des cultures de la Guyane. En 1854, le Gouvernement y créa des

pénitenciers coloniaux, d'abord pour les condamnés de race africaine ou asiatique, et ensuite
(1864) pour tous les condamnés aux travaux
forcés de la métropole et des colonies, si bien
que le nombre des transportés s'éleva à 16,000.

Aujourd'hui, les transportés sont divisés entre
la Guyane et la Nouvelle-Calédonie et notre colonie américaine ne reçoit plus que des transportés européens ayant à subir une peine supérieure à huit ans. Depuis la loi de 1885, elle
reçoit aussi des récidivistes.

Les condamnés sont répartis entre les îles du
Salut, Cayenne, Kourou et le Maroni. L'administration pénitentiaire, les magasins d'appro-
visionnement et l'hôpital sont installés sur l'île
Royale.

Villes principales, Gouvernement. —
Cayenne, chef-lieu de la colonie, à la pointe
nord-ouest de l'île de ce nom, est une cité assez
triste comptant 6,000 habitants, quoiqu'elle soit
agréablement située. Elle fut prospère sous le
gouvernement de M. de la Barre, mais son
commerce est bien tombé aujourd'hui, et les
fréquents incendies qui l'ont dévastée ont aug-
menté sa désolation.

Saint-Laurent-du-Maroni, l'établissement
principal de la déportation, est situé sur la rive
droite du fleuve, en face d'Albina, localité de la

colonie hollandaise et à 30 kilomètres de l'embouchure. Une commune y a été créée en 1880
et cette localité est devenue la plus importante
de la colonie après Cayenne.

Les autres centres sont : *Sinnamary, Mano,
Rouza*, etc.

La Guyane est administrée par un gouverneur assisté des chefs de service et d'un conseil
privé.

Elle possède un conseil général élu et un
député au Parlement.

Malgré la fertilité de son sol et ses richesses
forestières, la Guyane est bien déchue comme
pays de production agricole. L'abolition subite
de l'esclavage, la transportation, la découverte
de l'or et l'insalubrité des côtes ont arrêté la
mise en exploitation de ses ressources. La main-
d'œuvre est rare et les ouvriers européens
trouveraient un salaire rémunérateur, s'ils
pouvaient résister à l'anémie consécutive de la
chaleur humide. La température varie entre
24 et 32 degrés.

En favorisant les immigrants annamites qui
s'acclimatent sans difficultés, on pourrait relever l'agriculture de notre colonie, où de vastes
étendues de terres vierges et fertiles peuvent
être aliénées à raison de 25 fr. par hectare.

La Guyane est reliée avec la France par les

paquebots de la Compagnie générale transatlantique partant de Saint-Nazaire le 10 de chaque
mois et touchant à la Martinique. De là, un service annexe est organisé pour la Guyane. Le
voyage demande 20 jours.

Une ligne de navires à voiles effectue entre
Nantes et Cayenne de 12 à 14 voyages par an.

Au point de vue télégraphique, Cayenne est
tributaire de la Guyane anglaise. Les dépêches
s'arrêtent à Demerara et attendent le départ
d'un bateau.

OCÉANIE

~~~~~~~~~~~~~

Les colonies françaises en Océanie sont :

Nouvelle Calédonie et dépendances	20,046 kilom. car.	66,252 hab.
Établissements de l'Océanie	4,198	29,618
Total	24,244 kilom. car.	95,870 hab.

NOUVELLE-CALÉDONIE

Description. — La Nouvelle-Calédonie, roche émergée comme la Corse, occupe une place importante parmi les nombreuses terres du Pacifique.

D'une longueur de 80 lieues sur une largeur de 12, elle est partagée en deux parties inégales par une suite de massifs montagneux dont les plus élevés atteignent 1,700 mètres et qui donnent naissance à 92 cours d'eau. Elle est entourée d'une ceinture de récifs madréporiques et d'ilots dont les principaux forment de petits archipels : les Loyalty, les iles Huon, les îles Chesterfield et plus loin les Nouvelles-Hébrides qui sont ses dépendances naturelles. Ses côtes présentent un grand nombre de mouillages et d'excellents ports.

Productions. — Quoique située sous la zone tropicale, la Nouvelle-Calédonie offre aux Européens un climat très salubre par suite de l'absence de marécages aux embouchures des rivières et de la fraîcheur relative de sa température qui varie entre 14 et 30 degrés.

Les côtes formées de terrains sédimentaires sont seules fertiles. Sur 2 millions d'hectares elle n'en possède que 50 à 54,000 plantés, soit de pâturages (40,000 hectares), soit de plantes vivrières, de caféiers, de maïs, de riz, de cannes à sucre, de coton et de haricots. En revanche, le sol est riche en minerais : or, cuivre, antimoine et nickel. On y trouve aussi de la houille.

Les indigènes cultivent l'igname, la banane, le taro, le coco, etc. La production agricole est insuffisante; mais l'élevage des bœufs et moutons se fait avec succès dans les vastes prairies de l'île. Les forêts sont remplies d'oiseaux; on n'y rencontre pas de serpents.

Historique. — Cook, après avoir exploré les Nouvelles-Hébrides, aborda le premier dans cette grande île (1774) et lui donna le nom de l'Écosse, son pays natal. La Pérouse et d'Entrecasteaux la visitèrent et c'est le 1er mai 1853 que l'amiral Febvier des Pointes en prit possession au nom de la France, devançant de quelques jours un navire de la marine anglaise. L'île des Pins fut annexée peu après et, quant aux Loyalty, notre occupation date de 1864. Placée d'abord sous l'autorité du gouverneur de Tahiti, la Nouvelle-Calédonie fut érigée en gouvernement distinct en 1863.

Dès l'origine, la Nouvelle-Calédonie fut destinée à servir de pénitencier ; cependant le premier convoi de condamnés ne débarqua qu'en
1864 et peu après l'administration reconnut la
fausseté de ce préjugé si répandu : « l'Australie
a été fondée par des convicts. » Les espérances
de réhabilitation par le travail ne sont, à quelques exceptions près, que de généreuses uto-
pies. Les condamnés ne peuvent être employés
utilement qu'aux travaux publics ; leur paresse
et leur insubordination empêchent de les em-
ployer chez les colons, et ils n'ont même pas
pu jusqu'ici subvenir à leurs besoins. Tout au
contraire les mesures prises vis à vis des déportés de 1871, qui pour la plupart n'avaient aucun
antécédent judiciaire, donnèrent d'excellents
résultats. Quelques établissements furent fondés
et prospérèrent. La Nouvelle-Calédonie comme
l'Australie ne trouvera sa prospérité que par le
travail des immigrants et non par le concours
des condamnés. Les tentatives du Gouvernement pour utiliser chez les colons la main-
d'œuvre pénale éprouvent une vive opposition
dans toute la colonie privée du recrutement des
travailleurs Néo-Hébridais. Du reste, l'expé-
rience faite à la Guyane et à la Nouvelle-Calédonie paraît démontrer que la déportation, telle
qu'elle a été appliquée jusqu'ici, est sans profit

pour la moralisation des condamnés, et sans profit pour la colonisation.

Villes principales. — *Nouméa,* chef-lieu de la colonie, ville de 5 à 6,000 habitants, située en face de l'île Nou, au centre d'une immense rade, d'un accès facile. Elle possède quelques édifices et tend à s'agrandir tous les jours, surtout depuis la découverte des mines de nickel.

Le trafic commercial dépassant 10 millions consiste en exportations de métaux (nickel, fer chromé, cuivre); en bois (kaori, chêne-gomme, tamanou, niaouli); en produits agricoles susceptibles d'une grande extension (canne à sucre, tabac, café, riz, maïs), en poissons, coquillages et holothuries, etc.

Deux expositions, en 1876 et 1877, ont eu un réel succès grâce au concours des déportés politiques.

Les principales localités de l'île sont : *Mbi,* bourg militaire, et *Numbo,* peuplée de déportés.

La statistique de 1875 indiquait comme population 56,226 habitants dont 38,850 indigènes et 9,850 transportés. Les indigènes appartiennent à deux races distinctes, l'une se rapprochant du type éthiopien, l'autre, plus récente, à peau olivâtre, paraît avoir conquis la première. Appelés sans distinction du nom de Canaques, ils sont paresseux, fourbes et cruels;

l'anthropophagie était en honneur chez eux.

Depuis notre prise de possession, la construction des routes a été le grand souci de l'administration de la colonie. Une route nationale doit faire le tour de l'île et relier toutes les criques et ports des deux côtés. Des condamnés ont été employés à ces travaux et on peut aller aujourd'hui en voiture jusqu'à Bouvail, à 225 kilomètres du chef-lieu et on peut traverser l'île à cheval de Ourail à Canola (60 kilomètres).

Renseignements commerciaux. — La situation de la Nouvelle-Calédonie en face du continent australien lui donne une grande importance militaire. Son importance commerciale pourra devenir considérable, car elle offre un vaste champ à l'immigration de nos agriculteurs et même de nos ouvriers industriels. Le café, la canne à sucre et le tabac, sans compter un grand nombre de cultures européennes, y réussissent à merveille. Ses richesses minérales et ses chutes d'eau permettent l'installation d'usines et la salubrité reconnue de son climat lui assure les préférences des immigrants. Déjà diverses colonies ont été fondées sur des territoires favorables à l'élevage ou à la culture. En attirant dans la colonie des travailleurs Néo-Hébridais, en réduisant le nombre des transportés et en les cantonnant dans des régions spéciales, on aura résolu les graves objections qui entravent le développement de cette riche colonie et l'essor de l'immigration. La Nouvelle-Calédonie est reliée à la métropole par le service des paquebots français de Marseille à Nouméa, par Port-Saïd, Suez, Aden, Mahé, la Réunion, Maurice et l'Australie. Durée du trajet : 50 jours; prix : 1,875 fr. en première classe; 1,500 fr. en seconde classe; 633 fr. en troisième classe; 470 fr. sur le pont. Départ : le 1er de chaque mois.

Des services anglais relient la colonie à Londres par l'Australie, à Cape-Town et à Sidney. Des services coloniaux ont été installés entre les principaux ports et vers les Loyalty et les Hébrides.

NOUVELLES HÉBRIDES

L'archipel des Nouvelles-Hébrides comprenant trois groupes d'îles, parmi lesquelles il en est de vastes et de très propices à la colonisation, comme l'île Sandwich, Api et Mallicolo, a toujours été considéré comme l'annexe naturelle de la Nouvelle-Calédonie.

Éloignées de 150 milles des îles Loyalty, ces îles s'étendent sur une longueur d'environ 700 milles. Bien arrosées, riches en forêts, pourvues de bons mouillages, habitées par une population laborieuse de race papoue, les Nouvelles-Hébrides, dont la souveraineté nous a été contestée par l'Angleterre, ont depuis 1842 des comptoirs français sur leurs côtes. Le capitaine Paddon y a fait, avant l'établissement de la France en Nouvelle-Calédonie, une fortune considérable en bois de sandal, holothuries, huile de coco, coprah, nacre, etc. Les productions végétales y sont variées et on y trouve du cuivre, du nickel et du soufre. Au sujet de la colonisation des Nouvelles-Hébrides, il ne faut pas oublier de citer le nom de M. Higginson dont les efforts persévérants et couronnés de succès doivent encourager nos immigrants aventureux.

ILES SALOMON

Cet archipel, formé de sept grandes îles entourées d'un millier d'îlots et habité par des
indigènes appartenant à la race malaise et à la
race papoue, est une dépendance nécessaire de
la Nouvelle-Calédonie. Les îles Salomon, à huit
jours de Nouméa et à quatorze jours de Saïgon,
sont indiquées comme un point de relâche entre
ces deux colonies. Renommées par la fertilité
de leur sol, elles deviendraient facilement le
grenier de la Nouvelle-Calédonie, jusqu'ici tributaire de l'Australie et de la Nouvelle-Zélande
pour ses céréales, ses vins et même pour ses
bestiaux. Cet archipel n'est pas mentionné dans
les revendications de l'Angleterre relatives aux
Nouvelles-Hébrides.

ILES WALLIS

~~~~~~~~~~~~~~~

Le groupe des îles Wallis, composé d'une terre principale (Uvéa) et d'une douzaine d'îlots madréporiques, est géographiquement plus rapproché de la Nouvelle-Calédonie que de Tahiti.

Depuis 1842, ces îles étaient sous la protection de la France, mais ce n'est qu'en 1886 que ce protectorat devint effectif et que l'archipel désigné pour devenir station intermédiaire entre Tahiti et la Nouvelle-Calédonie, fut rattaché administrativement au gouvernement de la Nouvelle-Calédonie. Ces îles, qui ressemblent à des corbeilles de verdure, comptent une population d'environ 5,000 habitants de race polynésienne, atteints fréquemment d'éléphantiasis et d'affections cutanées causées par l'abus du kava, liqueur alcoolique et poivrée.

Le père Bataillon et les Maristes doivent être cités parmi les civilisateurs de ces îles dont le commerce consiste en nattes et coprah.

ILES HORN

~~~~~~~~~~~~~~~~~

Le groupe des îles Futuna, appelées encore îles Alloufatou ou Horn, d'origine volcanique, est plus fertile que l'archipel Wallis et possède environ 5,000 habitants de race polynésienne et de caractère belliqueux.

C'est aux missionnaires et en particulier au P. Chanel qu'on doit la civilisation de ces îles riches en forêts et peu visitées jusqu'ici par les Européens.

ÉTABLISSEMENTS FRANÇAIS EN OCÉANIE

~~~~~~~~~~~~~~~~~

Les établissements français en Océanie comprennent : Tahiti et Mooréa dans les îles de la Société, Tubuai et Laïvavai dans l'archipel

Tubuai, l'île Rapa, le groupe des Gambier, l'immense archipel des Pomotou ou Touamotou, enfin les îles Marquises, formant en tout 108 îles. Il faut encore compter sous notre protectorat Raïatea et Taha, deux îles entourées de récifs. Le gouverneur de nos établissements habite *Papéete*, capitale de Tahiti (3000 habitants), jolie ville qui se développe le long de la plage, dans une plaine étroite limitée du côté de la terre par une série de mornes qui vont se raccorder aux hautes montagnes de l'intérieur.

Tahiti, la perle des îles, la Nouvelle-Cythère, fut visitée pour la première fois par Quiros, qui lui donna le nom de Sagittaria. Le protectorat français, qui date de 1842, ne s'établit pas sans résistance de la part des Anglais et, un moment, les intrigues du missionnaire Pritchard faillirent amener l'abandon de cette île et un grave conflit entre la France et l'Angleterre.

En 1880, Tahiti est devenue française par suite du traité d'annexion librement consenti par Pomaré V et grâce aux efforts de M. le commandant Chessé dont le nom est lié à l'établissement de l'influence française en Océanie.

L'agriculture est peu développée, le commerce et l'industrie sont à peu près nuls, par suite de l'indolence des populations; cependant, sous ce climat délicieux, favorable à l'immigration européenne, il serait facile de cultiver la canne à sucre, le coton, le coprah, le tabac, la vanille, le café. La valeur moyenne des importations dans nos possessions de l'Océanie est de 4 millions ; elle l'emporte sur celle des exportations. La population totale, évaluée à 25,000 habitants, est composée de Maories et de Canaques.

L'archipel Touamotou ou dangereux qui couvre une étendue de mer de 250 lieues de longueur sur 200 de largeur, est situé entre Tahiti et les Marquises.

Ces îles, de formation coralligène, possèdent les plus belles pêcheries de perles et de nacres du monde.

Les îles Marquises, d'origine volcanique, possèdent quelques vallées fertiles et boisées. Ses habitants, proches parents des Tahitiens, sont remarquables par la beauté de leurs formes, mais, indolents et de caractère indépendant, ils sont appelés à disparaître devant l'immigration blanche.

Nuka-Hiva, sur la magnifique baie de Taïo-Haé, à égale distance de Panama et de la Nouvelle-Calédonie, est appelée à devenir un point de relâche et un entrepôt commercial important sur la route du Pacifique. Nos agriculteurs et commerçants y trouveront, avant que l'immigration américaine et chinoise ait envahi la place, une vaste carrière à leur activité.

Tahiti est reliée à San-Francisco par un service mensuel sous pavillon américain (départ de San-Francisco le 1er de chaque mois). D'autres services relient notre colonie à Cape-Town, Melbourne, Sydney, Nouméa.

La route la plus directe du Havre à Tahiti passe par New-York et San-Francisco.

TABLE

~~~~~~~~~

	Pages
Avant-Propos	III

AFRIQUE :

Algérie.	2
Sénégal et dépendances	14
Établissements du golfe de Guinée. —	
Grand-Bassam et Assinie.	21
Le Dahomey	25
Le Gabon et le Congo	27
La Réunion.	30
Sainte-Marie de Madagascar	38
Mayotte et les Comorres	40
Nossi-Bé.	44
Diego-Suarez	47
Obock et Tadjoura.	49
Cheick-Saïd	54
Tunisie.	55
Madagascar	65
Ile Kerguelen.	87

ASIE :

Pages

Inde Française 90
Indo-Chine. 93
Cochinchine 95
Cambodge 100
Annam. 105
Tonkin. 110

AMÉRIQUE :

Saint-Pierre et Miquelon. 116
La Guadeloupe et ses dépendances . . . 119
La Martinique 123
Guyane. 127

OCÉANIE :

Nouvelle-Calédonie 134
Nouvelles-Hébrides 139
Iles Salomon 141
Iles Wallis 142
Iles Horn. 143
Établissements français en Océanie . . . 143

Arras, imp. Répessé-Crépel et Cⁱᵉ.

www.ingramcontent.com/pod-product-compliance
Lightning Source LLC
Chambersburg PA
CBHW050006100426

42739CB00011B/2532